Mel Bay
MÉTHODE DE GUITARE NIVEAU 1
Édition Approfondie

Traduction et adaptation:
Odile Noël

Pour télécharger gratuitement des solos de guitare rock avec son et vidéo, visitez: **www.melbay.com/grade1freebies**

Pour télécharger gratuitement d'autres solos de guitare avec son et vidéo, visitez: **www.melbay.com/grade1freebies**

© 1948 (Renouvelé) 1972, 1975, 1980, 1990, 2005 PAR MEL BAY PUBLICATIONS, INC.
© 2007 pour la version en français.
TOUS DROITS RESERVES DANS LE MONDE ENTIER. REALISE ET IMPRIME AUX ETATS-UNIS.
Cet ouvrage ne peut être reproduit en tout ou partie, stocké en mémoire ni transmis sous quelque forme que ce soit par n'importe quel moyen (électronique, mécanique, photocopies, enregistrement ou autre) sans la permission par écrit de l'éditeur.

Visitez-nous sur le site www.melbay.com — Contactez-nous à email@melbay.com

Tenue correcte de la guitare.

Fig. 1

Fig. 2

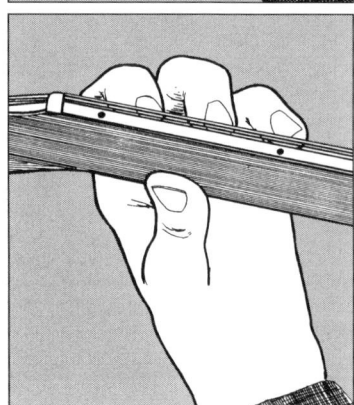

Placez vos doigts FERMEMENT sur les cordes, JUSTE DERRIÈRE LES FRETTES.

Fig. 1

Voici le médiator.

Fig. 2

Tenez-le fermement entre le pouce et l'index, comme sur le dessin.

Fig. 3

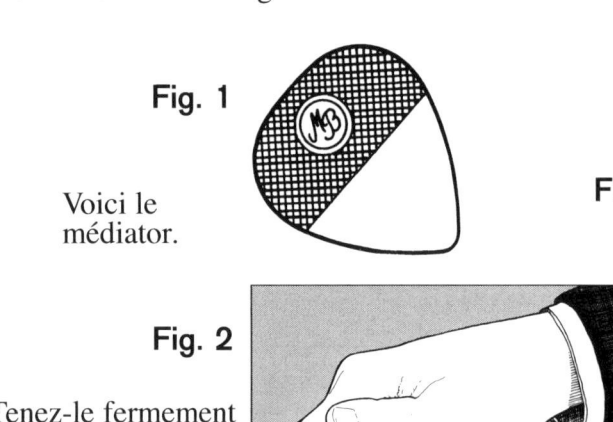
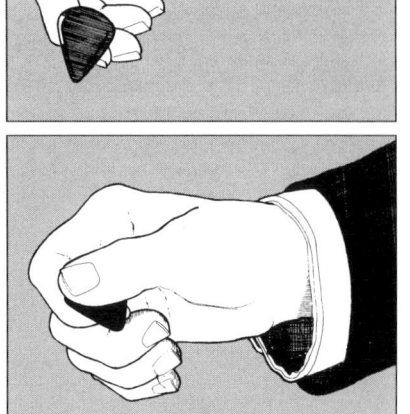

Fig. 4

⊓ = **Coup de médiator en bas.**

COMMENT ACCORDER LA GUITARE

Jouées à vide les six cordes de la guitare doivent produire les six notes indiquées sur ce dessin d'un clavier de piano. Vous remarquerez que cinq de ces notes se trouvent au-dessous du Do central du clavier.

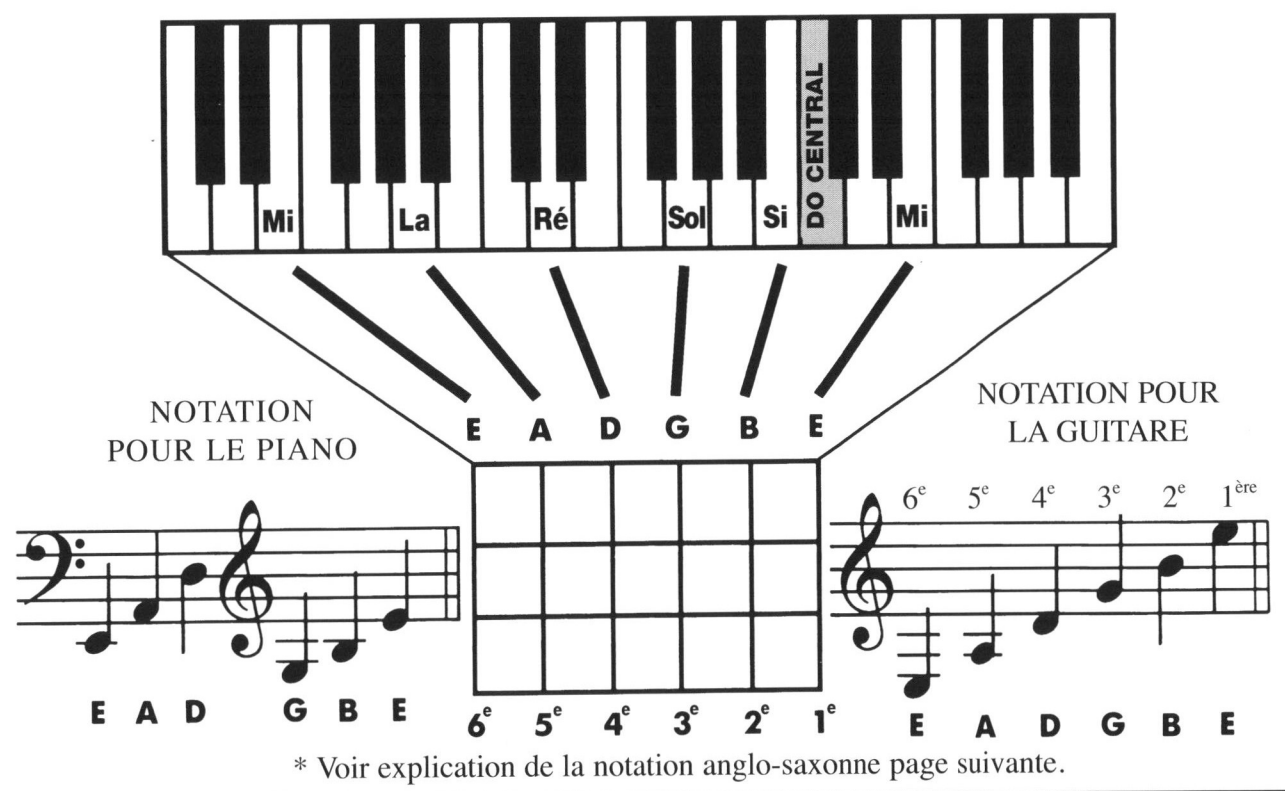

* Voir explication de la notation anglo-saxonne page suivante.

AUTRE MÉTHODE D'ACCORDAGE

1. Accordez la 6e corde d'après la 12e touche blanche à gauche du Do central du clavier – un **Mi** (= E).

2. Frettez la 6e corde à la 5e case et pincez-la. La note obtenue, un **La** (= A), est celle que doit produire la 5e corde pincée à vide.

3. Frettez la 5e corde à la 5e case pour accorder la 4e corde (**Ré** = D).

4. Faites de même sur la 4e corde pour accorder la 3e corde (**Sol** = G).

5. Frettez la 3e corde à la 4e case pour accorder la 2e corde (**Si** = B).

6. Frettez la 2e corde à la 3e case pour accorder la 1ère corde (**Mi** = E).

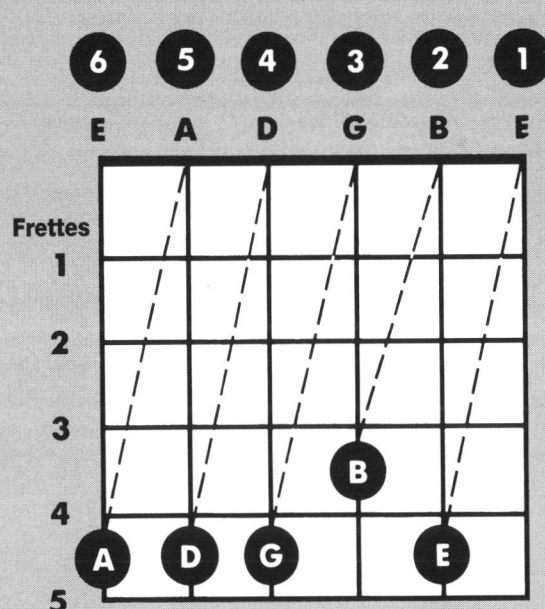

ACCORDEUR ÉLECTRONIQUE

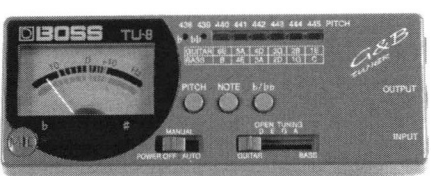

Vous trouverez des accordeurs électroniques dans la plupart des magasins de musique. Cet accessoire est très pratique et fortement conseillé.

Notions de Solfège

La Portée

La musique est écrite sur une **portée** composée de **cinq lignes** et de **quatre interlignes**. Ceux-ci sont numérotés de bas en haut:

5ᵉ LIGNE
4ᵉ LIGNE — 4ᵉ INTERLIGNE
3ᵉ LIGNE — 3ᵉ INTERLIGNE
2ᵉ LIGNE — 2ᵉ INTERLIGNE
1ᵉʳᵉ LIGNE — 1ᵉ INTERLIGNE

Les principaux signes qui servent à écrire la musique sont les notes, les clés, les silences et les altérations. Tous ces signes se placent sur la portée.

Cet ouvrage emploie la notation anglo-saxonne, comme il est d'usage en musique non classique. Il s'agit de sept lettres – A, B, C, D, E, F et G – qui représentent, respectivement, La, Si, Do, Ré, Mi, Fa, et Sol.

La portée est divisée en **mesures** par des lignes verticales appelées **barres de mesure**.

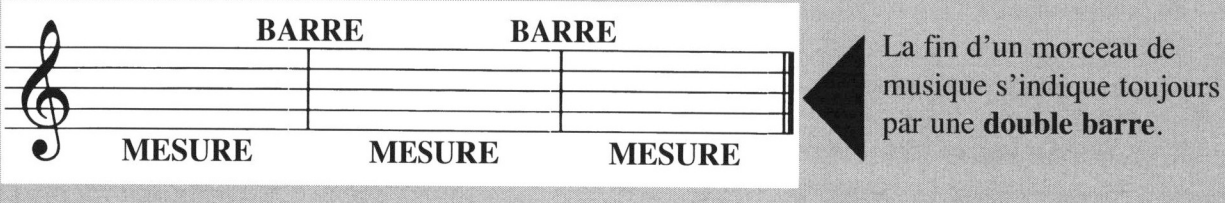

La fin d'un morceau de musique s'indique toujours par une **double barre**.

Les clés

Les clés sont des signes qui déterminent la hauteur des notes. Elles se placent au début de la portée.

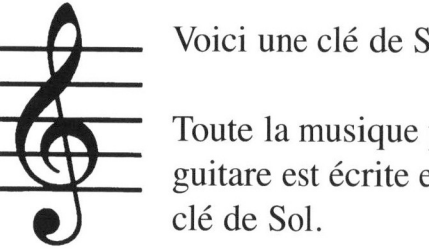

Voici une clé de Sol.

Toute la musique pour guitare est écrite en clé de Sol.

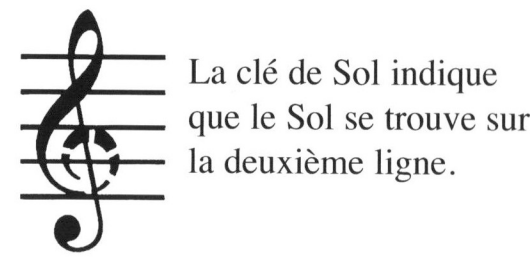

La clé de Sol indique que le Sol se trouve sur la deuxième ligne.

Notes

Cette note est une **croche**:

Elle se compose de trois parties :
La **tête**
La **queue**
Le **crochet**

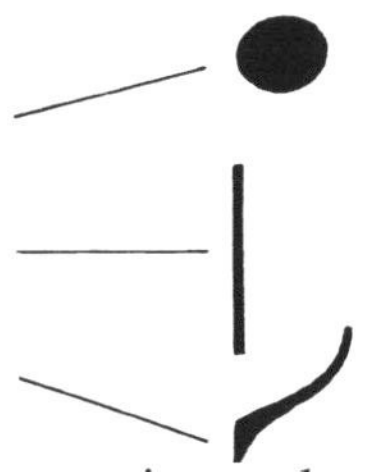

Les notes se placent soit sur les lignes, soit dans les interlignes, soit sur des lignes supplémentaires au-dessus ou au-dessous de la portée.

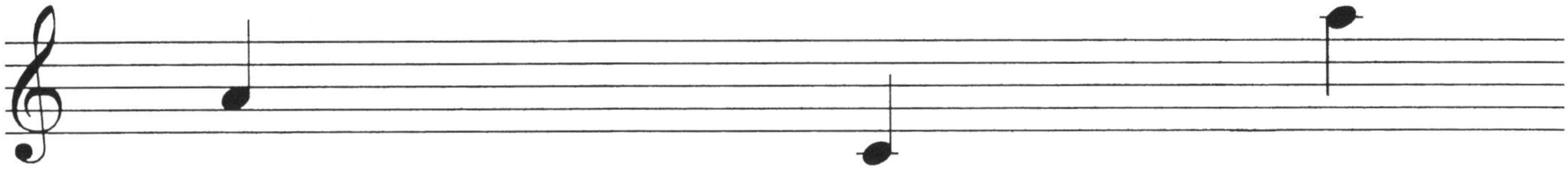

Les notes représentent des *sons* et des *durées*.

Selon leur position sur la portée, les notes expriment des sons différents. *De bas en haut*, elles vont *du grave à l'aigu*.

Valeurs des figures de notes

Selon leurs différentes figures, les notes expriment des **durées** différentes.

La **ronde** dure 4 temps. Elle vaut deux blanches ou quatre noires ou huit croches.

La **blanche** dure 2 temps. Elle vaut deux noires ou quatre croches.

La **noire** dure 1 temps. Elle vaut deux croches ou quatre doubles croches.

La **croche** dure ½ temps. Elle vaut deux doubles croches ou quatre triples croches.

Toutes ces durées sont relatives.

LES SILENCES

Les SILENCES sont des signes qui indiquent l'interruption du son. Chaque figure de silence a une durée correspondante à celle d'une figure de note.

 La **pause** dure 4 temps. Elle est placée sous la 4ᵉ ligne de la portée.

 La **demi-pause** dure 2 temps. Elle est placée sur la 3ᵉ ligne de la portée.

 Le **soupir** dure 1 temps.

 Le **demi-soupir** dure ½ temps.

Notes	ronde	blanche	noire	croche
Silences	pause	demi-pause	soupir	demi-soupir

MESURE À LA CLÉ

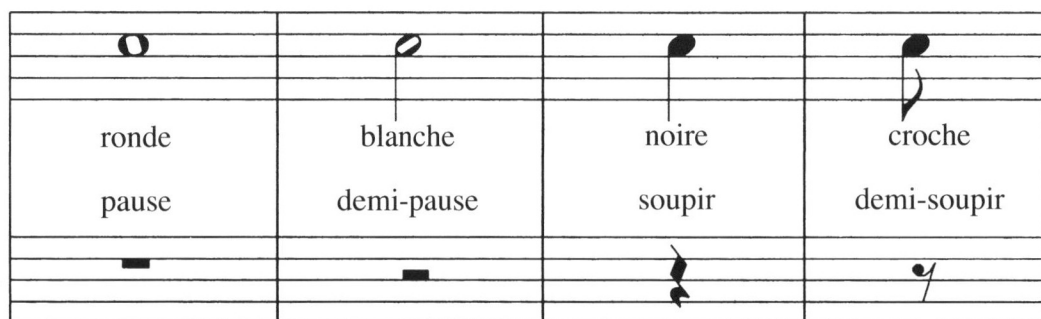

Cet ouvrage emploie les mesures ci-dessus, qui sont les plus courantes.

La mesure est exprimée par une fraction. Le chiffre du haut indique le nombre de temps dans chaque mesure – 2 pour une mesure à 2 temps, 3 pour une mesure à 3 temps, et 4 pour une mesure à 4 temps. Le chiffre du bas indique la durée qui occupe un temps – ce chiffre est 1 pour une ronde, 2 pour une blanche, 4 pour une noire et 8 pour une croche.

Nombre de temps par mesure → **4** ← 4 temps par mesure

Type de note valant 1 temps → **4** ← 1 noire = 1 temps

 La mesure à 4/4 est parfois indiquée par ce signe.

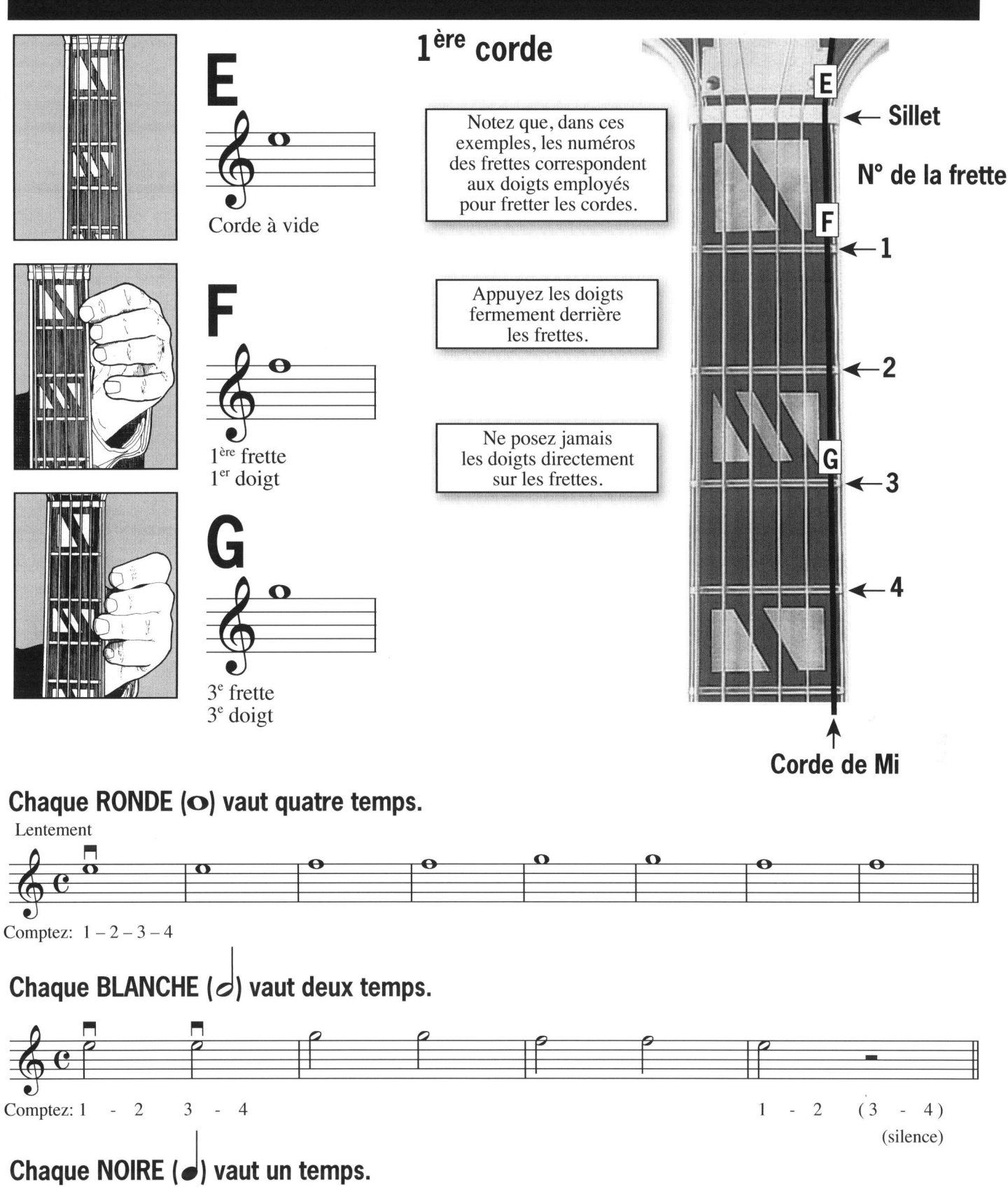

Jouons les notes

Travail des doigts

Étude sur une corde

Étude n° 2

The Mixmaster

Notes sur la 1ère corde
(Indiquez le nom des notes dans les cases)

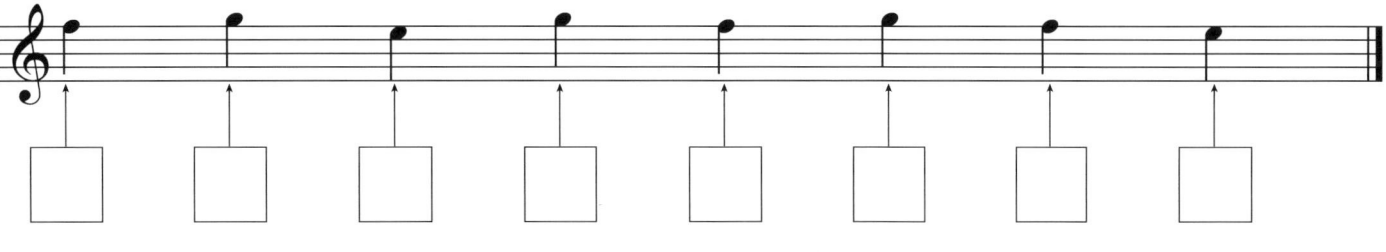

(Remplissez les cases)

Notes sur la corde de Si (B)

2ᵉ corde

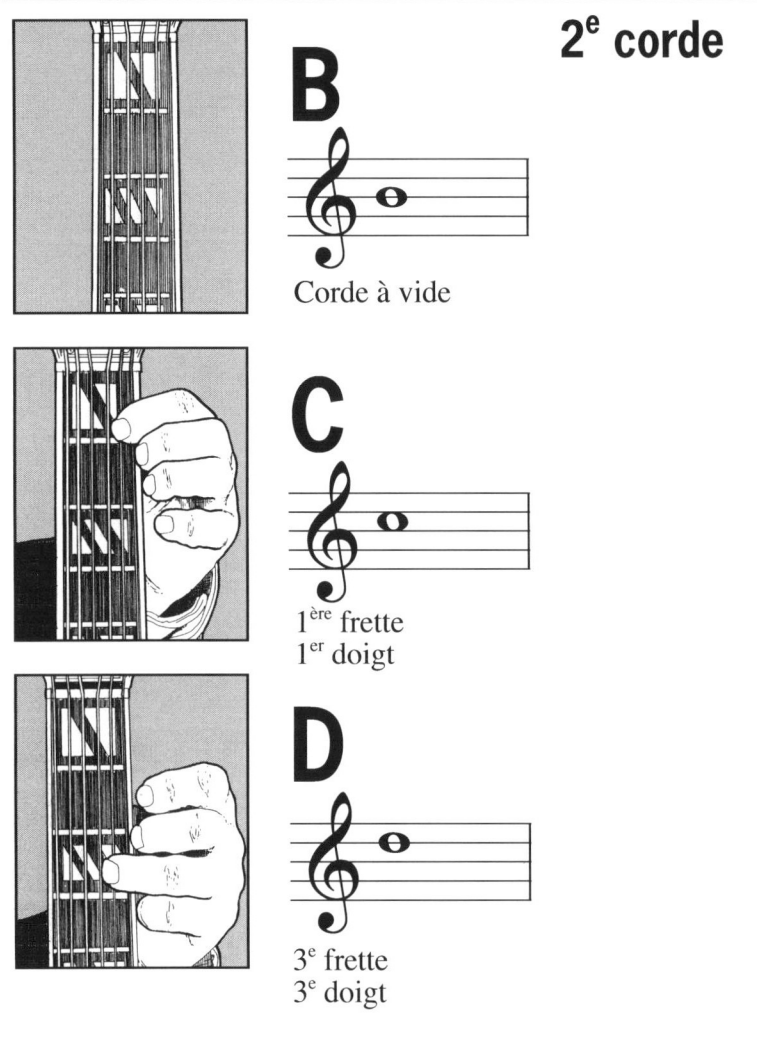

B — Corde à vide

C — 1ère frette, 1ᵉʳ doigt

D — 3ᵉ frette, 3ᵉ doigt

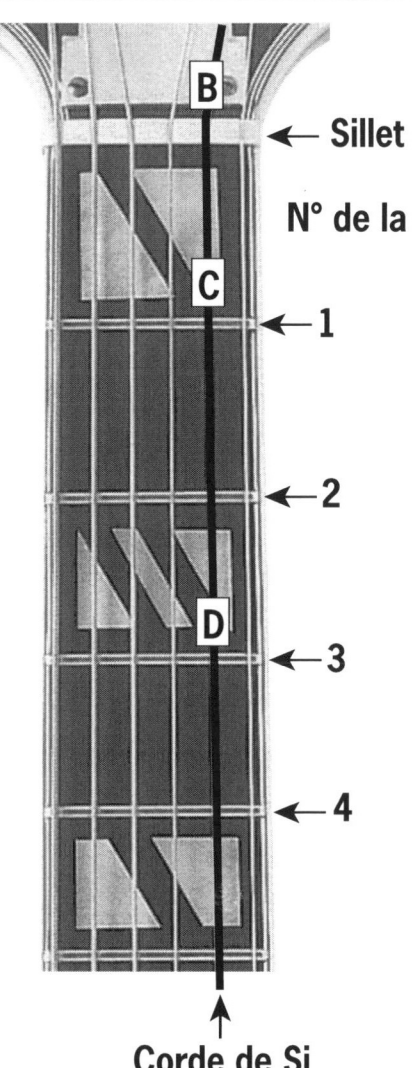

Sillet
N° de la frette
Corde de Si

RONDES

Comptez : 1 - 2 - 3 - 4

BLANCHES

Comptez : 1 - 2   3 - 4

NOIRES

Comptez : 1   2   3   4

B - E

B - F

B - G

C - E

C - F

C - G

D - E

D - F

D - G

Marche n° 1

Marche n° 2

Étude n° 1

Étude n° 2

Le géomètre

Ébats

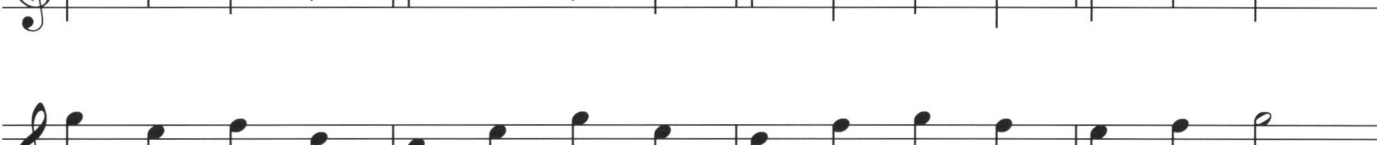

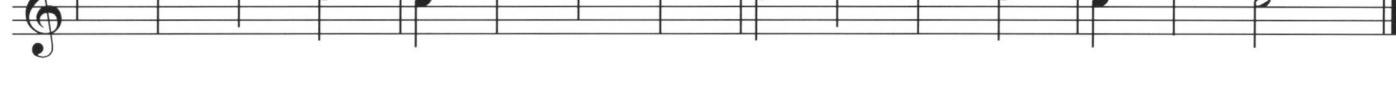

E - B

Tambour indien

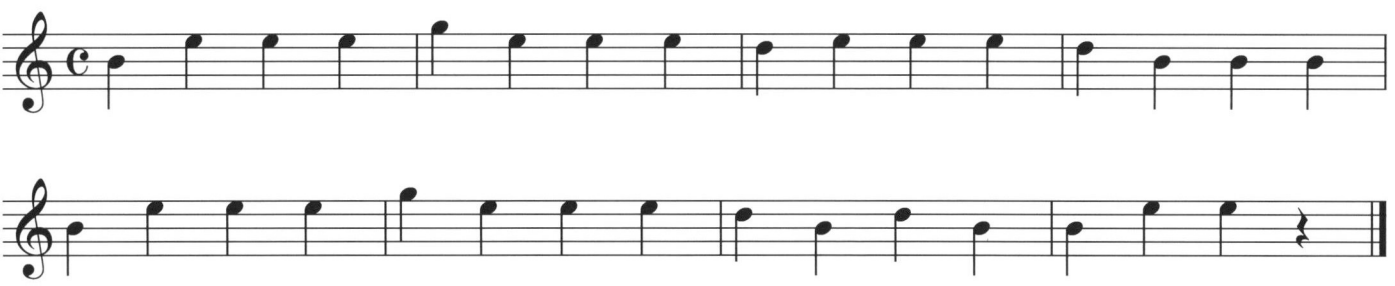

La mesure à trois temps

Ce signe  indique une mesure à trois temps.

3 = nombre de temps par mesure
4 = valeur d'un temps (une noire)

On écrit aussi « mesure à 3/4 ».

La blanche pointée

Un point (•) placé après une note augmente de moitié la durée de cette note.

Ainsi, une blanche pointée (♩•) dure trois temps.

Exemples : ♩ = 2 temps   ♩• = 3 temps

Chanson à 3 Temps

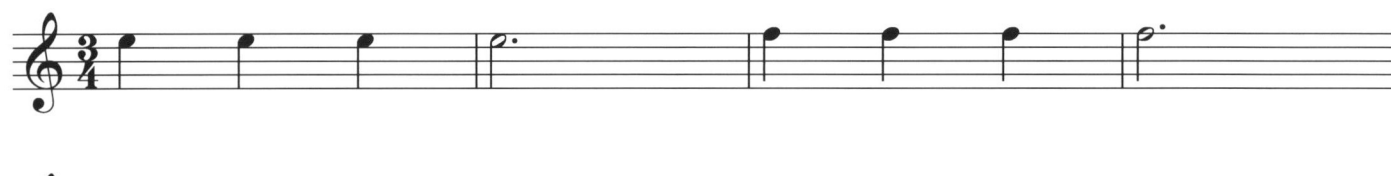

Étude en 3/4

Valse

The Merry Men

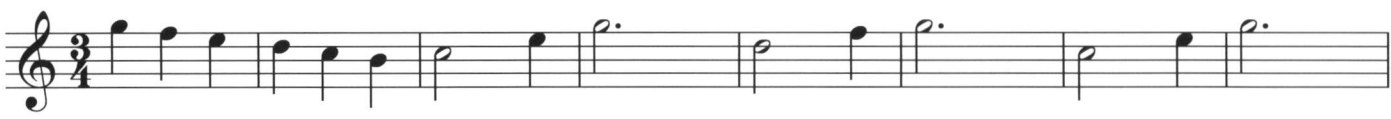

Notes sur la corde de Sol (G)

3ᵉ corde

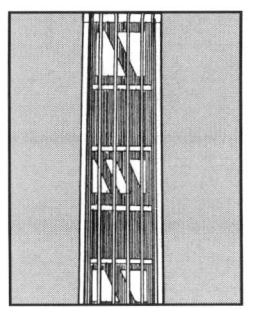

G
Corde à vide

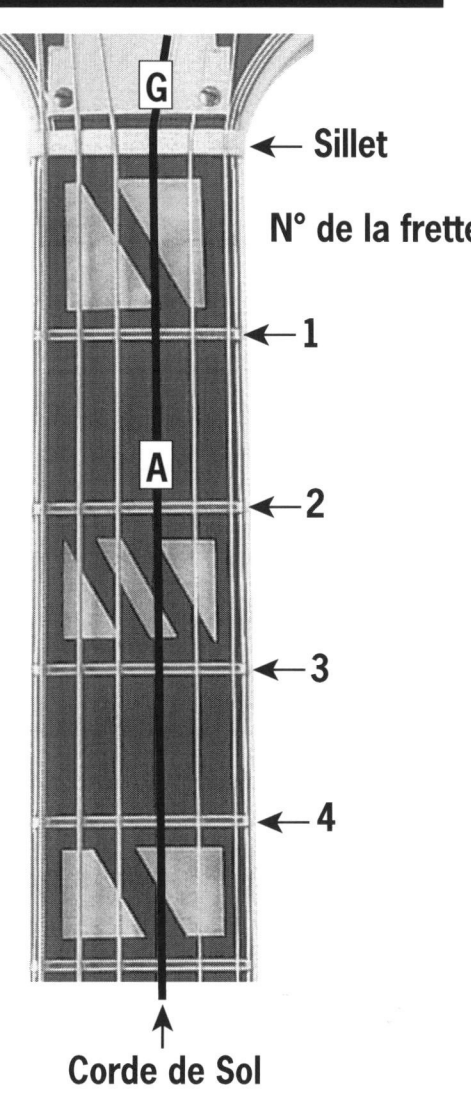

← Sillet

N° de la frette

←1

←2

←3

←4

↑
Corde de Sol

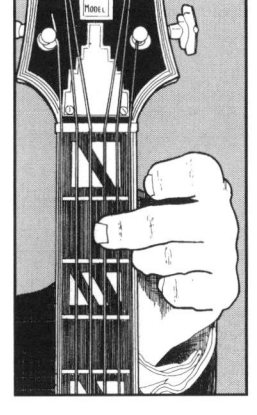

A
2ᵉ frette
2ᵉ doigt

Étude sur la 3ᵉ corde

Comptez : 1-2-3-4

Sparkling Stella

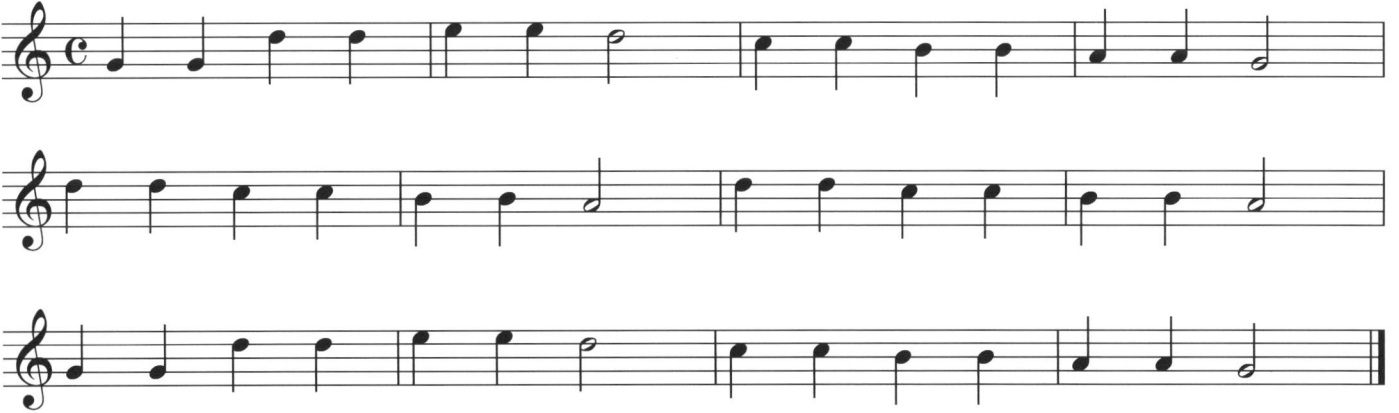

Prélude

En descendant

En montant

Coucher de soleil
Acc. par le professeur

Aura Lee
Acc. par le professeur

Chanson populaire américaine

L'anacrouse

L'**anacrouse** se compose d'une ou de plusieurs notes qui précèdent la première mesure entière.
La phrase musicale commencée par une anacrouse se termine par une mesure incomplète qui complète la première mesure.

When the Saints Go Marchin' In
Acc. par le professeur

Spiritual

Anacrouse de deux notes
Acc. par le professeur

Anacrouse d'une note
Acc. par le professeur

La liaison

La ligne courbe qui relie deux notes de même hauteur indique leur fusion en un son unique d'une durée équivalente à la somme des deux notes. Seule la première note est jouée, il suffit de laisser la corde vibrer pour la seconde.

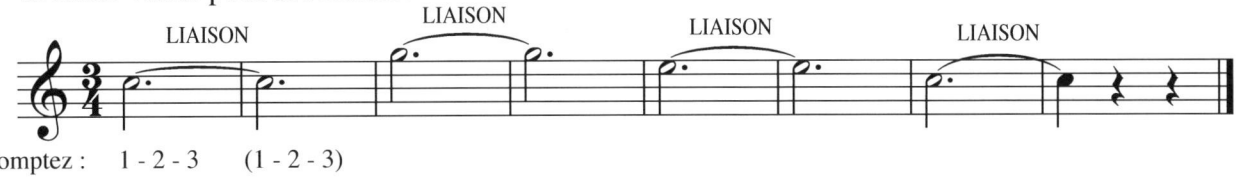

Comptez : 1 - 2 - 3   (1 - 2 - 3)

Psaume 100
Acc. par le professeur

Louis Bourgeois
1510–1561

Red River Valley
Acc. par le professeur

Chanson du Far West

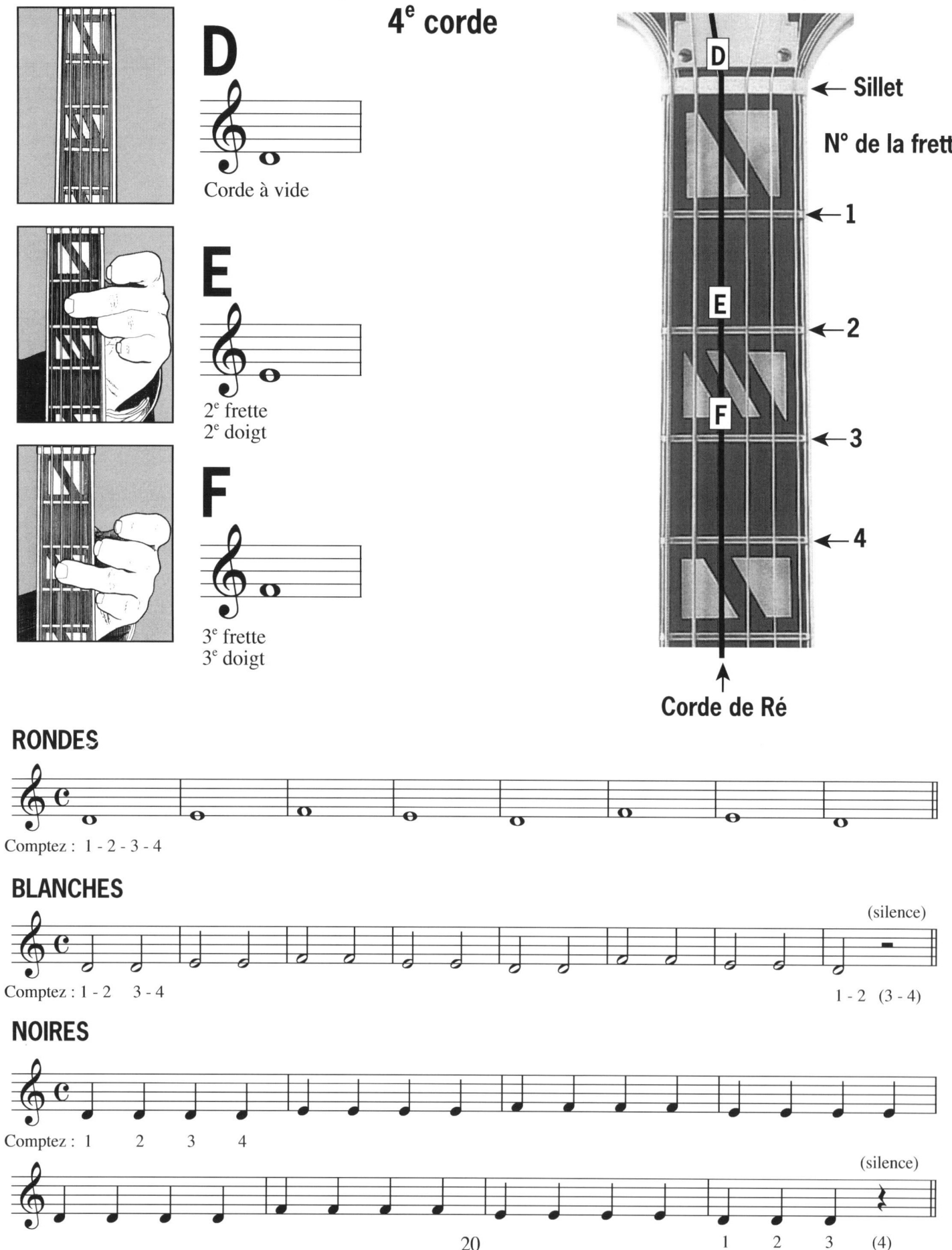

Révision des notes (4 premières cordes)

Cockles and Mussels
Acc. par le professeur

Ballade

Hymne
Acc. par le professeur

Valse allemande
Acc. par le professeur

Danse médiévale
Acc. par le professeur

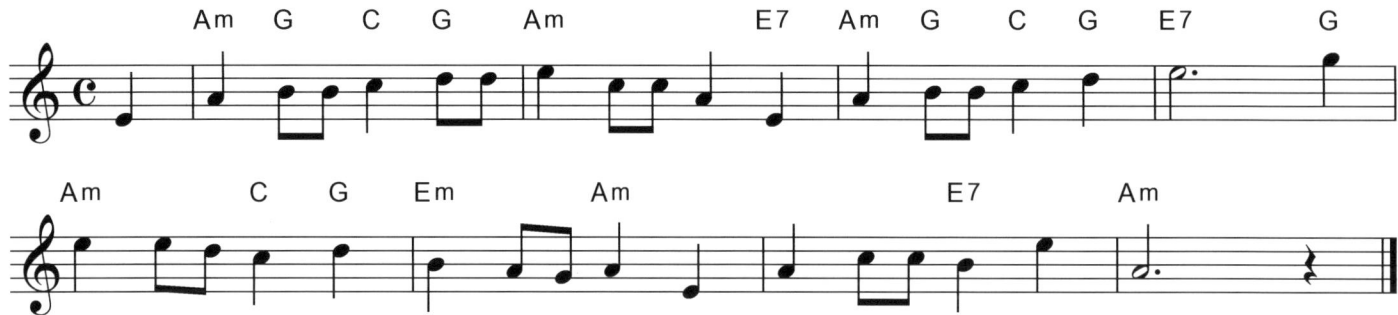

Complainte indienne
Acc. par le professeur

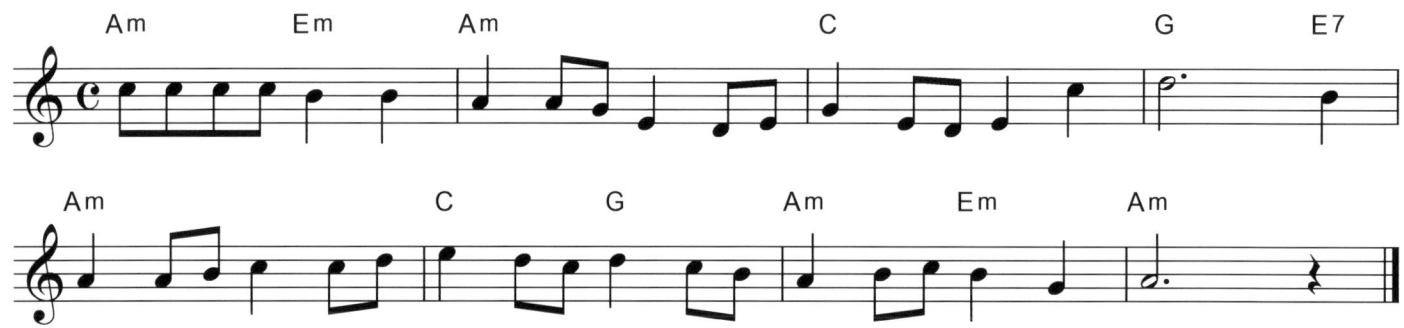

Danse à la cour royale
Acc. par le professeur

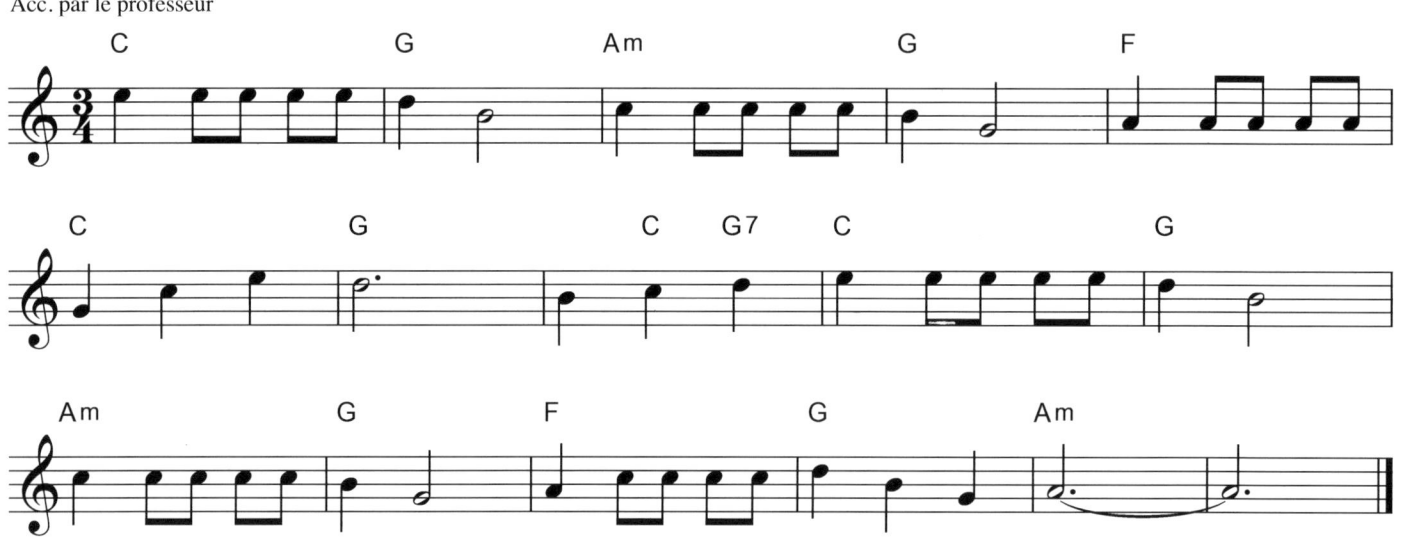

Valse villageoise
Acc. par le professeur

Les lignes supplémentaires

Les **lignes supplémentaires** sont ajoutées au-dessous ou au-dessus de la portée pour écrire les notes qui se trouvent en dehors de celle-ci.

Voici le résultat:

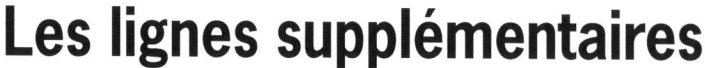

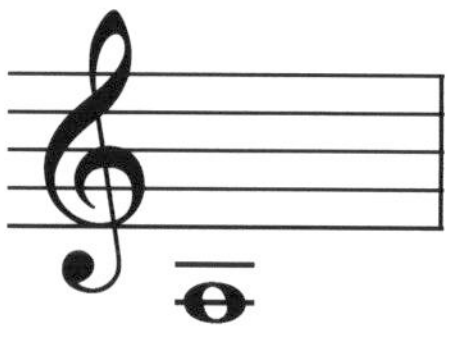

Notes sur la corde de La (A)

A

5e corde

Corde à vide

B

2e frette
2e doigt

C

3e frette
3e doigt

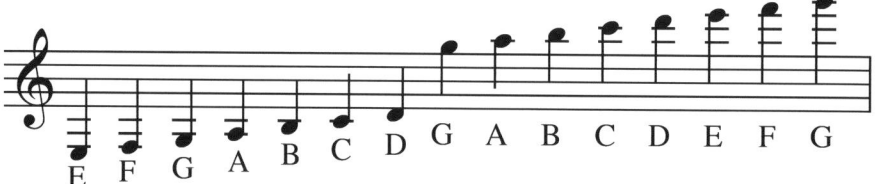

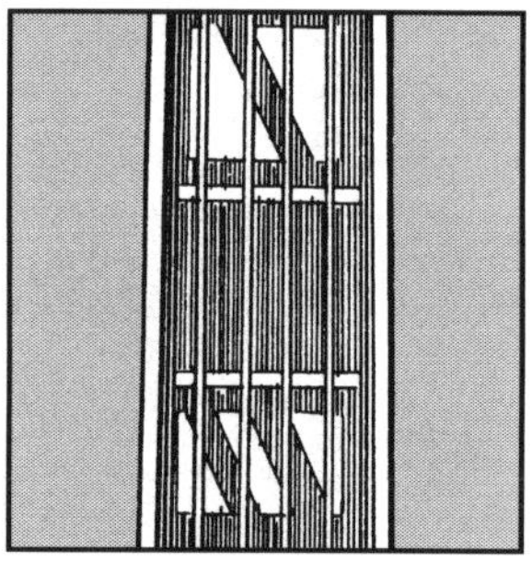

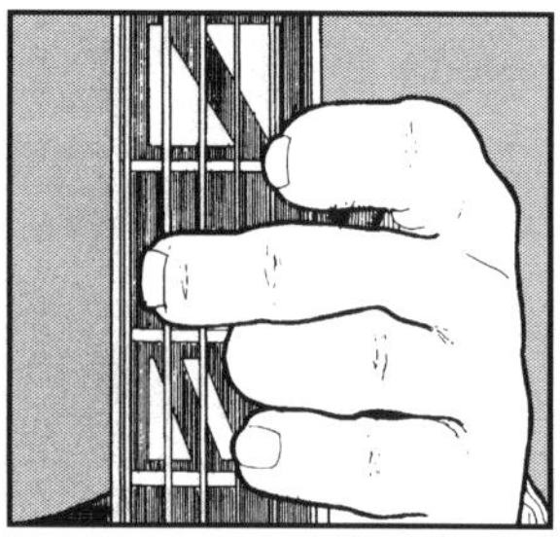

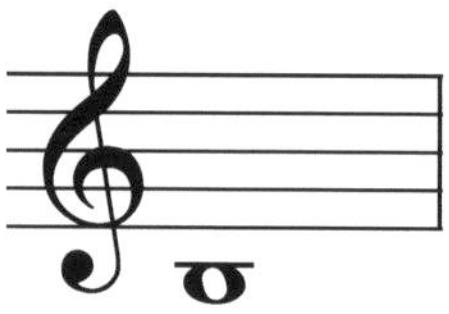

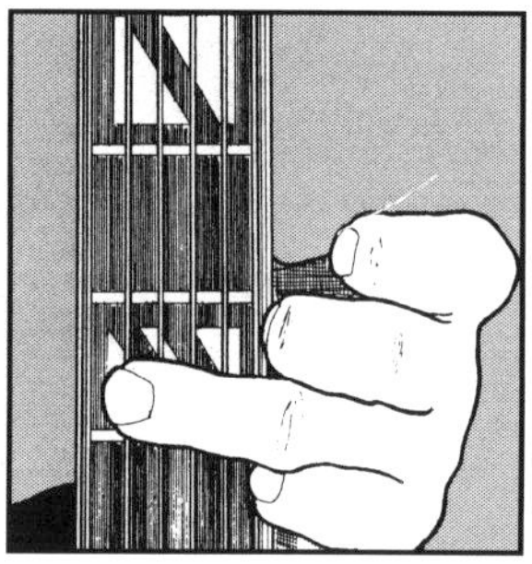

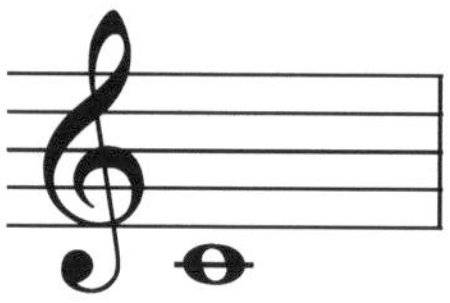

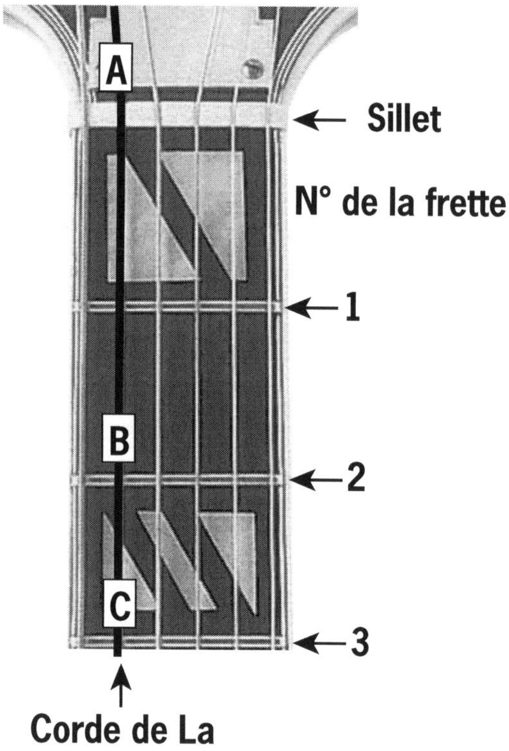

RONDES

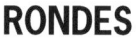

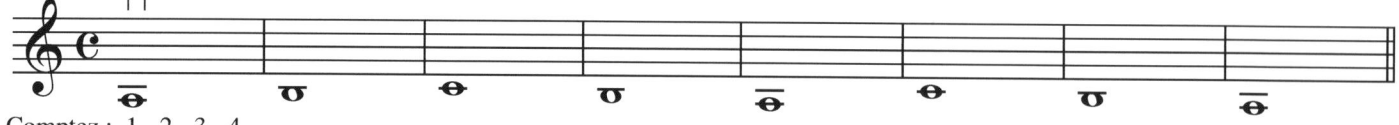

Comptez : 1 - 2 - 3 - 4

BLANCHES

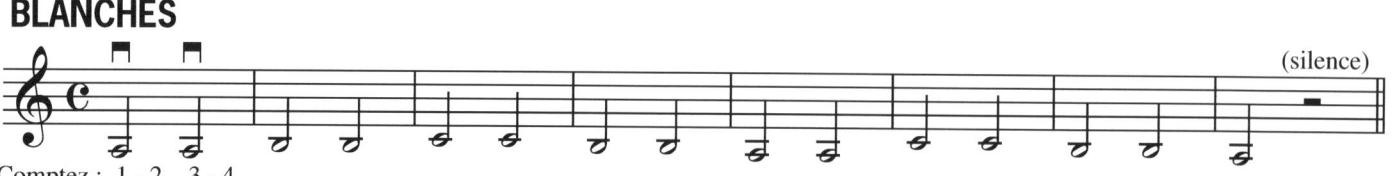

Comptez : 1 - 2 3 - 4

NOIRES

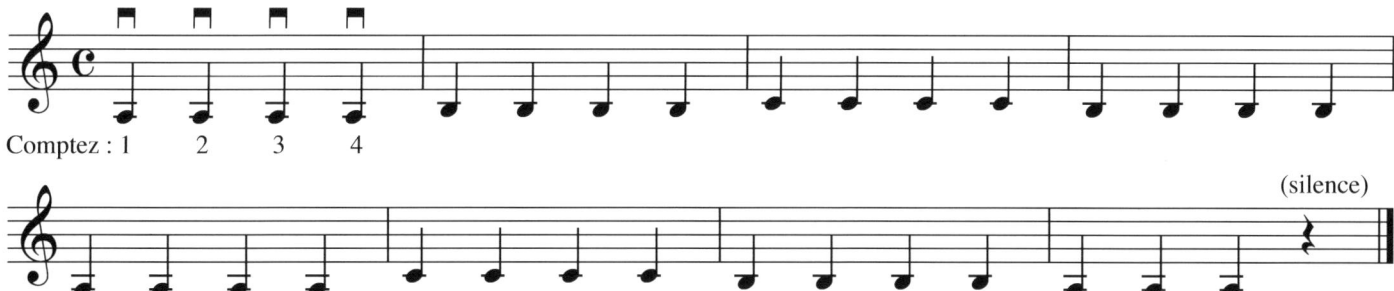

Comptez : 1 2 3 4

Chemin sauvage
Acc. par le professeur

Westward Ho!
Acc. par le professeur

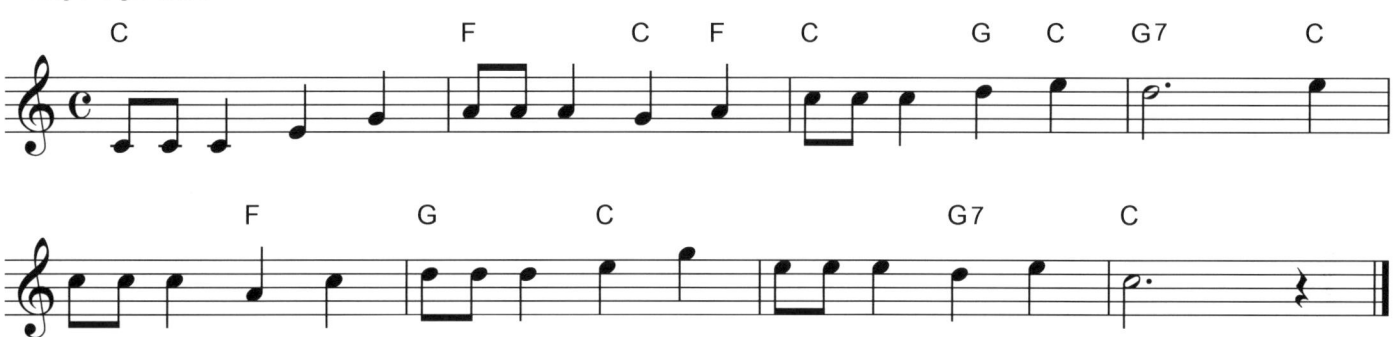

Valse en accords
Acc. par le professeur

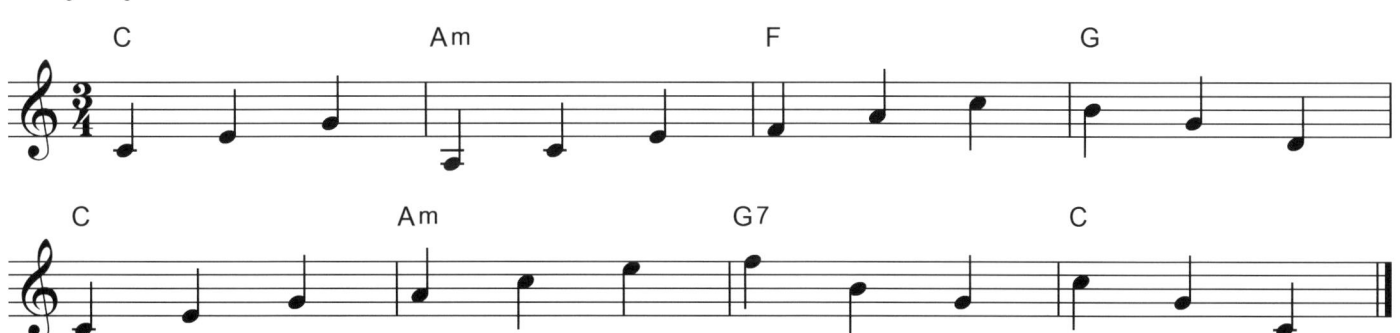

Elsie's Waltz
Acc. par le professeur

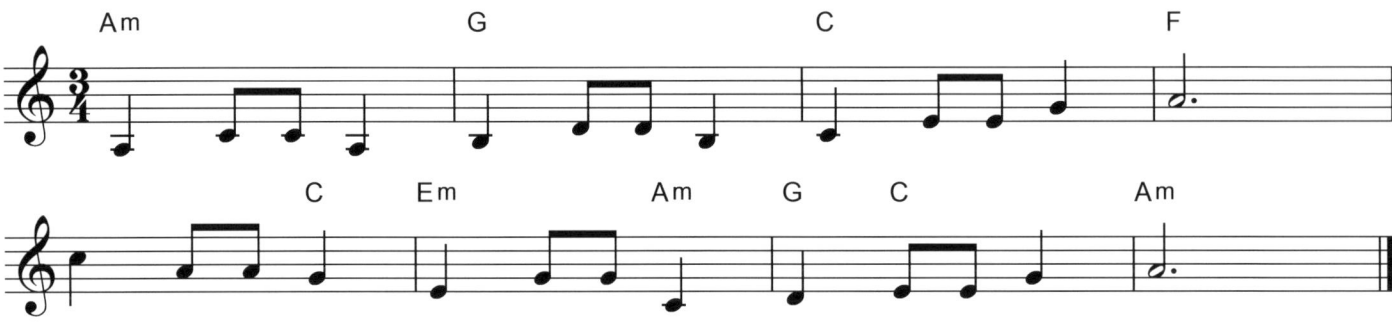

Buffalo Girls
Acc. par le professeur

Chanson de l'Ouest

Chester
Acc. par le professeur

Chanson de la révolution américaine

La noire pointée

Nous avons vu qu'un **point** (•) placé après une note augmente de moitié la durée de cette note.
Ainsi, une **noire pointée** dure 1 temps ½.

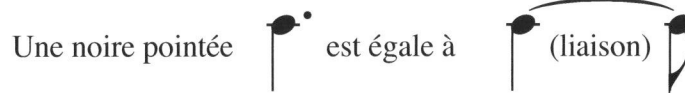

Exercez-vous à compter le rythme de cet exercice :

Kumbaya
Acc. par le professeur

Hymne africain

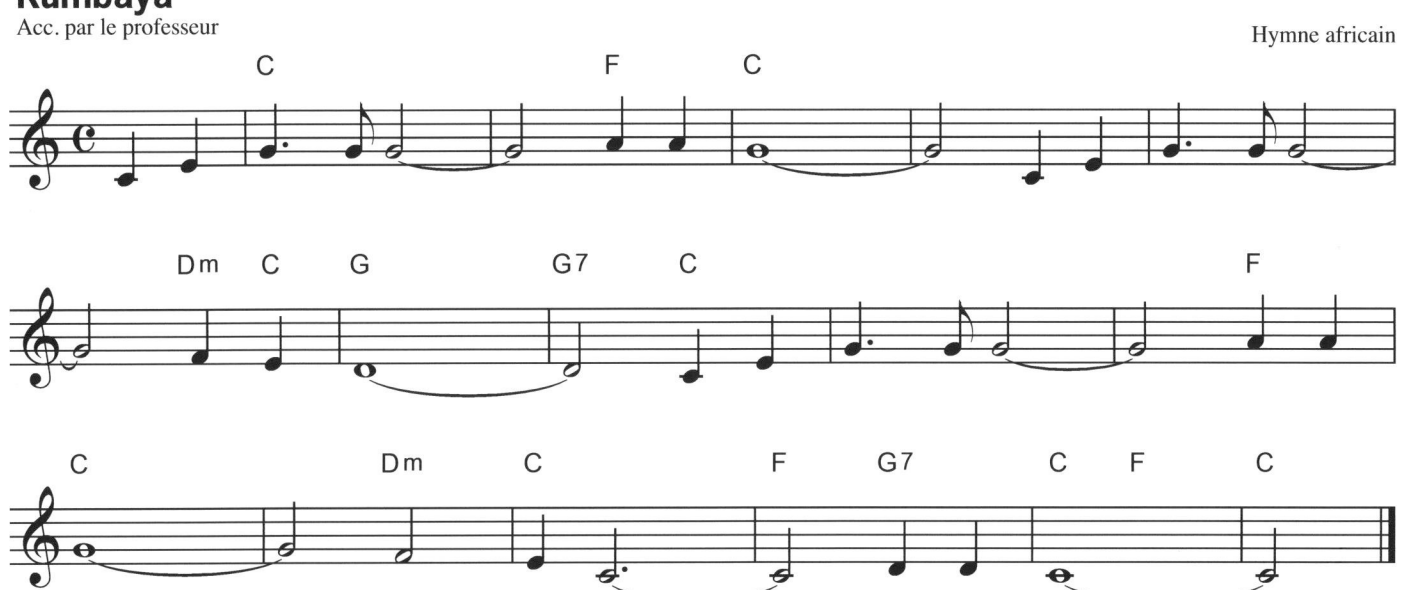

Michael, Row the Boat Ashore
Acc. par le professeur

Spiritual

Mountain Flower
Acc. par le professeur

Quest
Acc. par le professeur

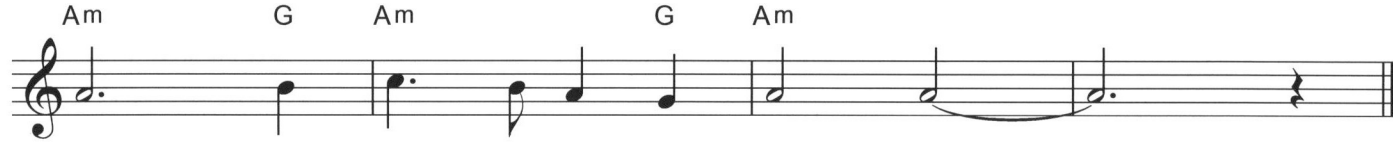

Homeward Bound
Acc. par le professeur

Révision des notes

Rêverie
Acc. par le professeur

Ruisseau alpin
Acc. par le professeur

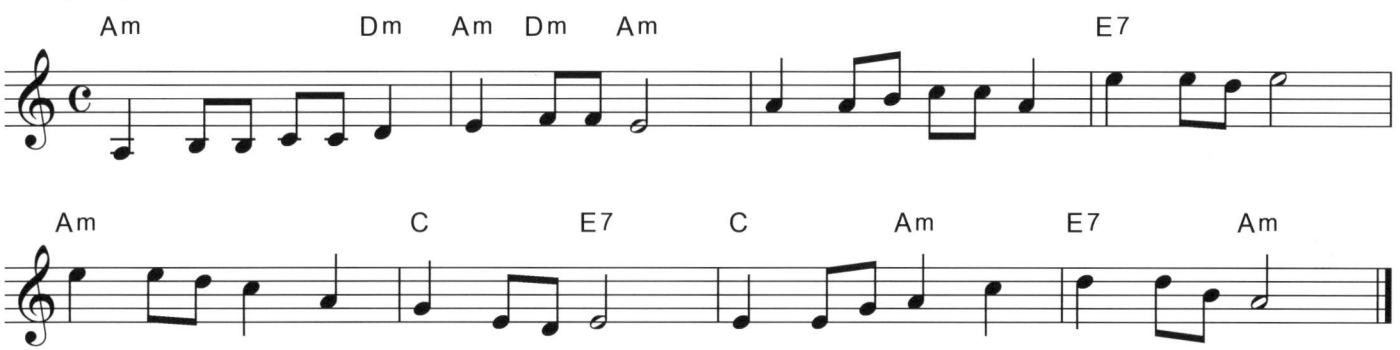

Cascade
Acc. par le professeur

Chemin de montagne
Acc. par le professeur

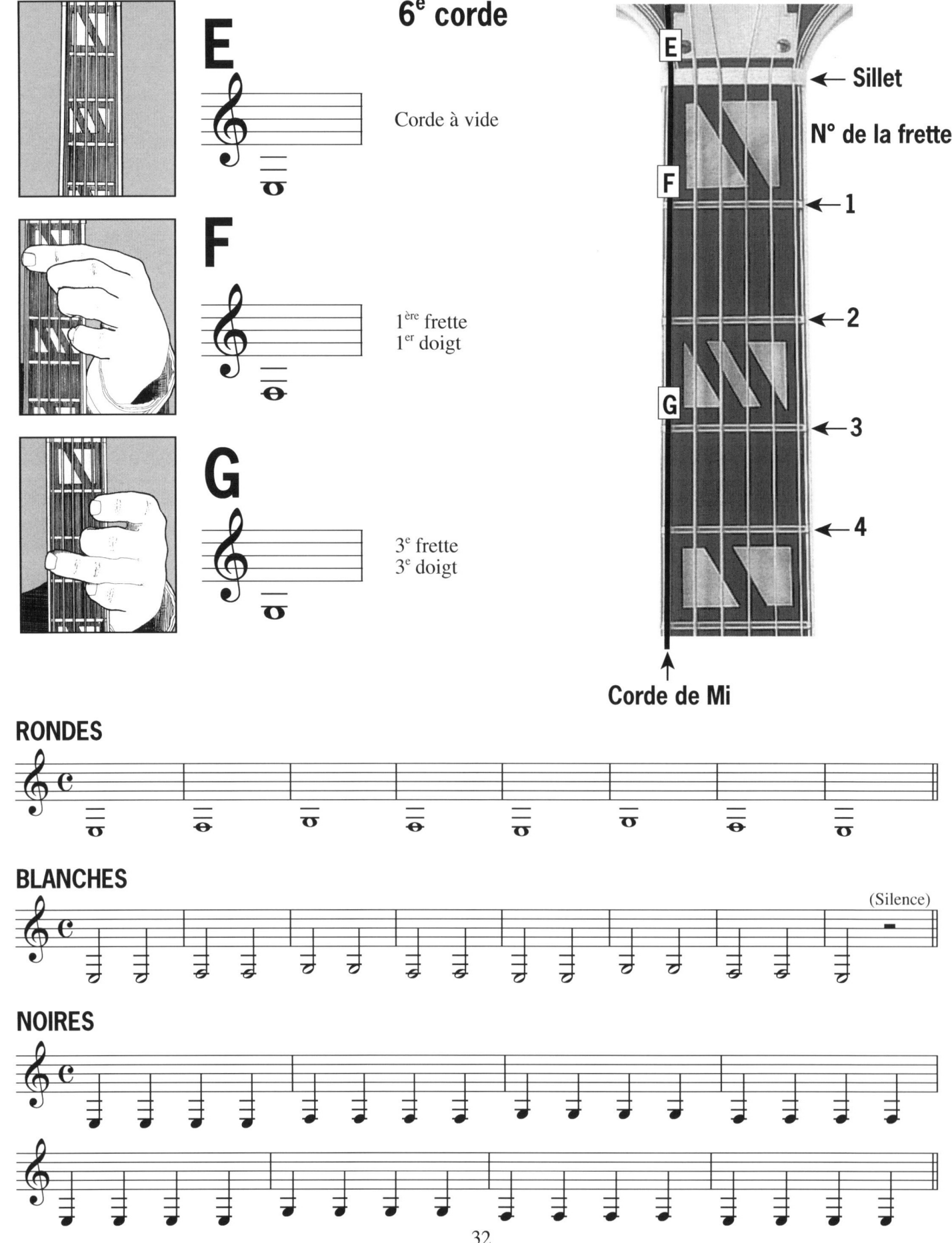

Basse en mouvement
Acc. par le professeur

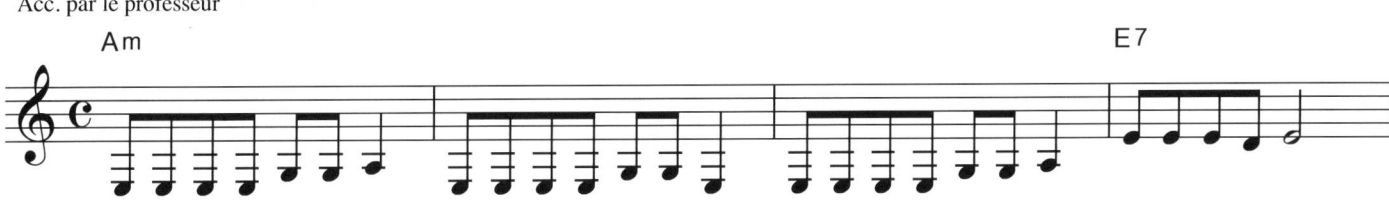

Air dans les graves
Acc. par le professeur

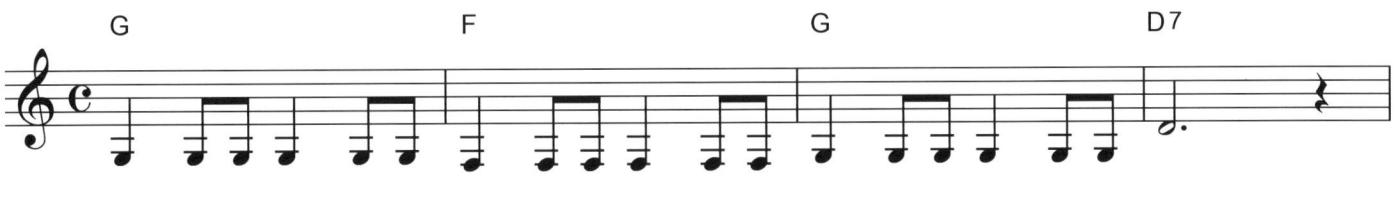

De bas en haut
Acc. par le professeur

Un autre La

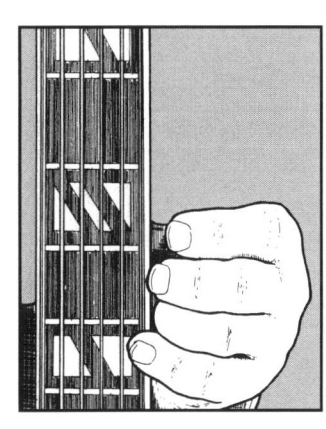

A

5ᵉ frette
4ᵉ doigt

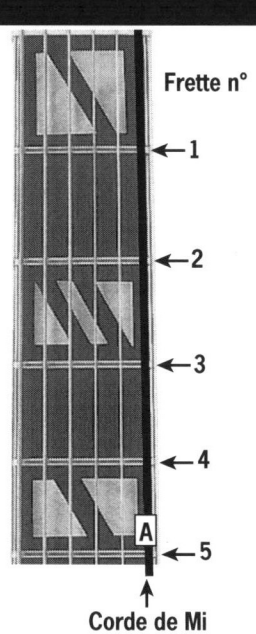

Minor Melody
Acc. par le professeur

W. Bay

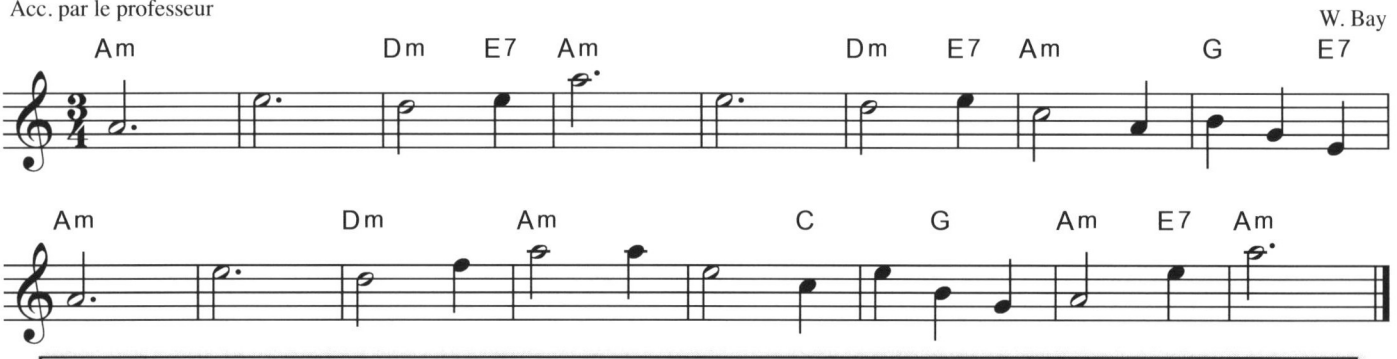

Notes sur la guitare en première position

Hitting on All Six
Acc. par le professeur

Mel Bay

Le La aigu en musique

Smoky Ridge
Acc. par le professeur

Voyage
Acc. par le professeur

Quelques mots sur le jeu en duo

L'une des qualités essentielles d'un bon guitariste est de savoir jouer avec d'autres musiciens. C'est dans cette optique que je souligne ici l'importance de s'entraîner à jouer en duo.

Le guitariste moderne doit être capable de jouer en **solo**, en **formation** et en **accompagnement**.

En s'entraînant à jouer en duo, l'élève apprendra à exécuter sa partie musicale indépendamment, sans être désorienté par le rythme ou le contrepoint de l'autre partie.

Cette phase est l'une des plus importantes de l'étude de la guitare.

Dans les duos suivants, la seconde partie sera exécutée par le professeur. Plus tard, l'élève aura également l'occasion de la jouer.

Notre premier duo

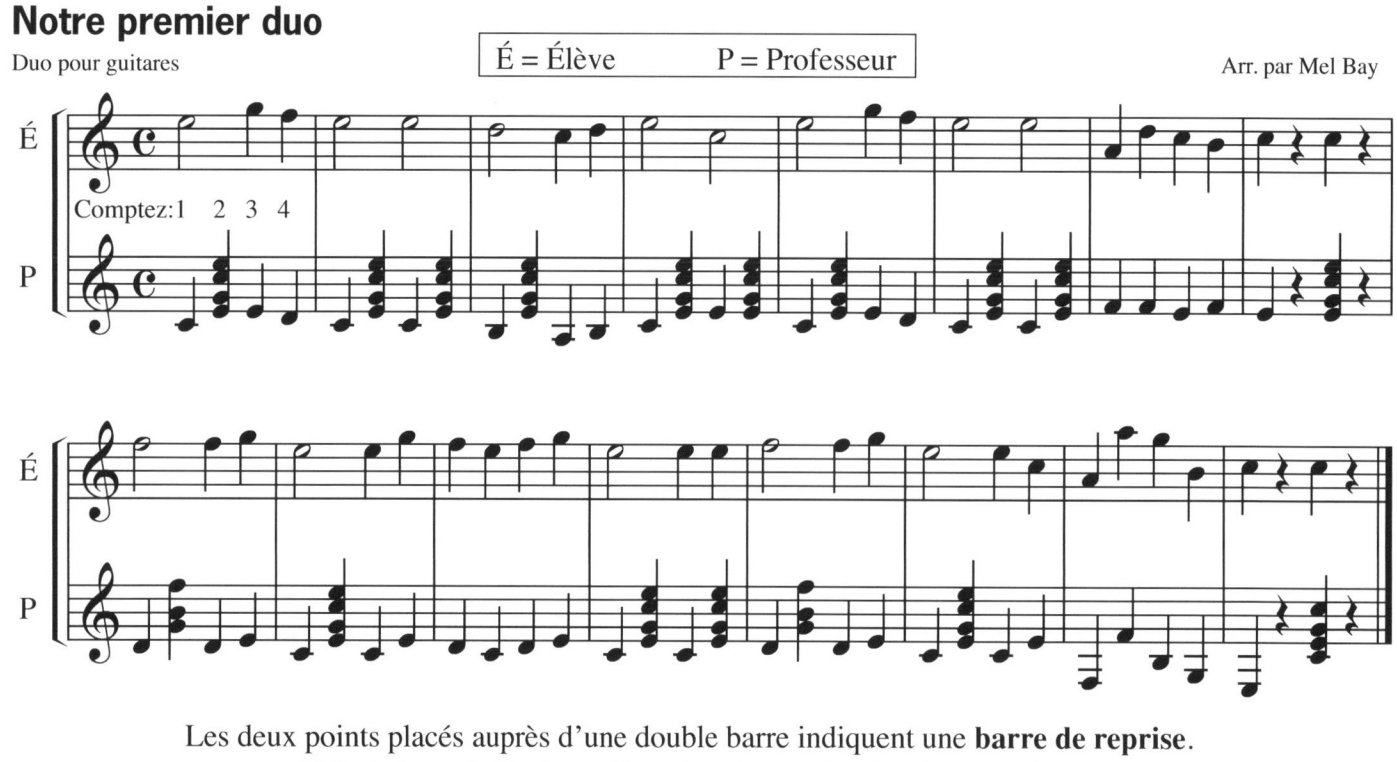

Les deux points placés auprès d'une double barre indiquent une **barre de reprise**.
Il faut alors répéter la partie qui se trouve du côté de ces points.

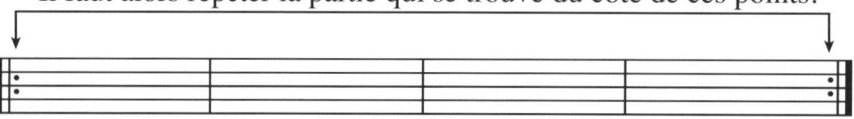

La reprise

I = 1ère partie
II = 2e partie

La barre de reprise à la fin du morceau signifie qu'il faut reprendre celui-ci au début (une seule fois).

Deux guitares

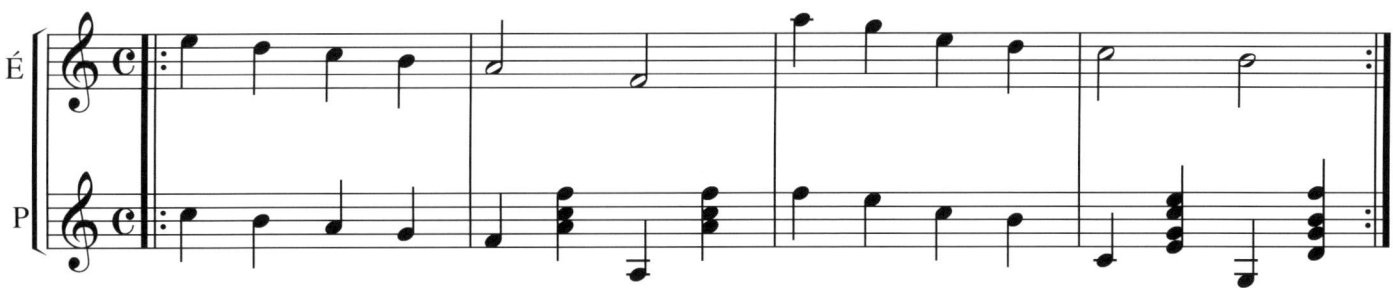

Coucher de soleil

Les accords

Une **mélodie** est une succession de notes indépendantes.

Un **accord** est formé de plusieurs notes jouées ensemble.

Notes d'une mélodie

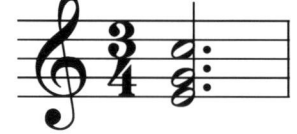
Les mêmes notes en accord

Nous allons construire nos accords en jouant d'abord trois notes séparées, comme pour une mélodie, puis, sans soulever les doigts du manche, nous ferons sonner les trois cordes en même temps.

Valse des accords

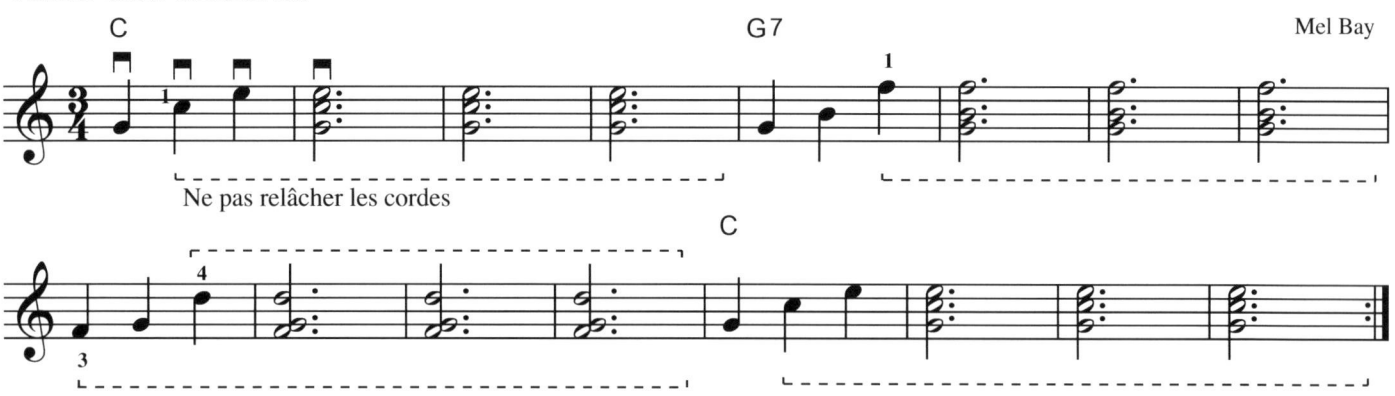

Ne pas relâcher les cordes

Jeu de construction

Petite étude en accords

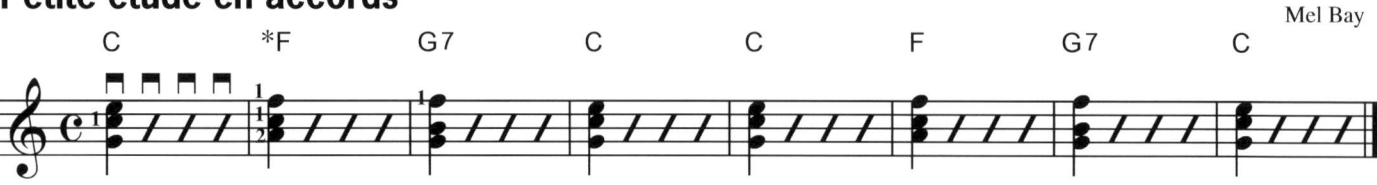

Travaillez cette étude jusqu'à ce que vous puissiez la jouer sans manquer un seul temps.

* Notez que dans le deuxième accord, l'index frette deux notes à la fois (C et F).

Morceaux contenant des accords

Accords en marche

Automne

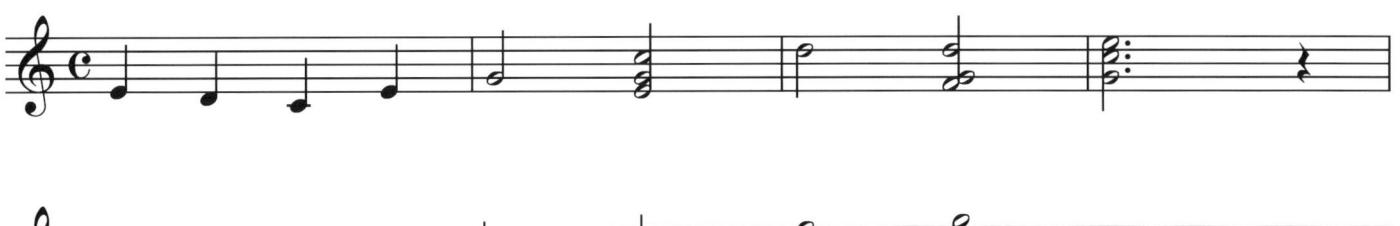

Enchaînement d'accords

Échos

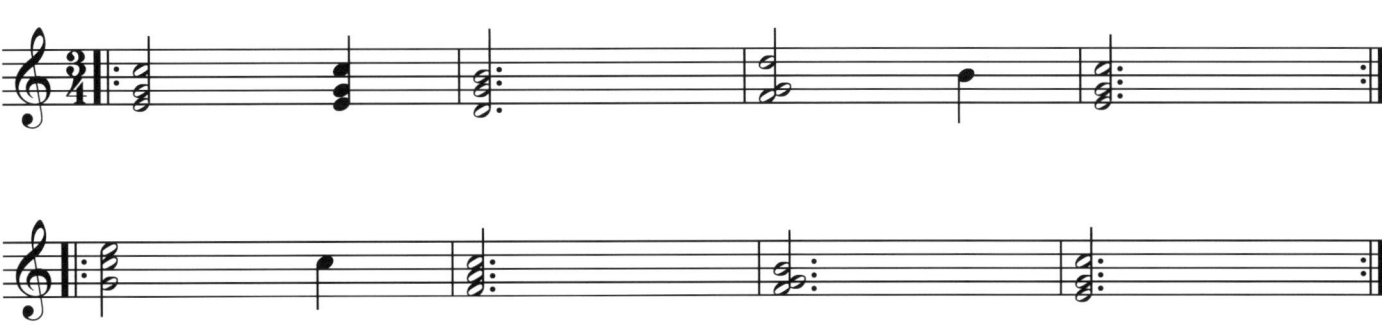

Construction de l'accord de Fa

Deux notes

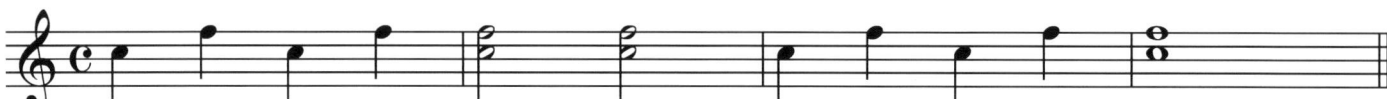

Trois notes

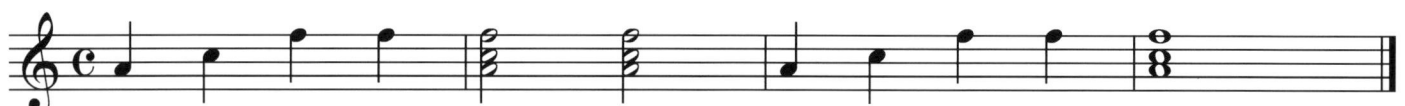

Quatre notes

Accords sur quatre cordes

Les accords de quatre notes sont construits selon la même méthode que les accords de trois notes. Jouez les notes individuelles de façon mélodique sans relâcher les cordes jusqu'à l'accord, puis grattez les quatre cordes ensemble pour produire l'accord souhaité.

Exercice

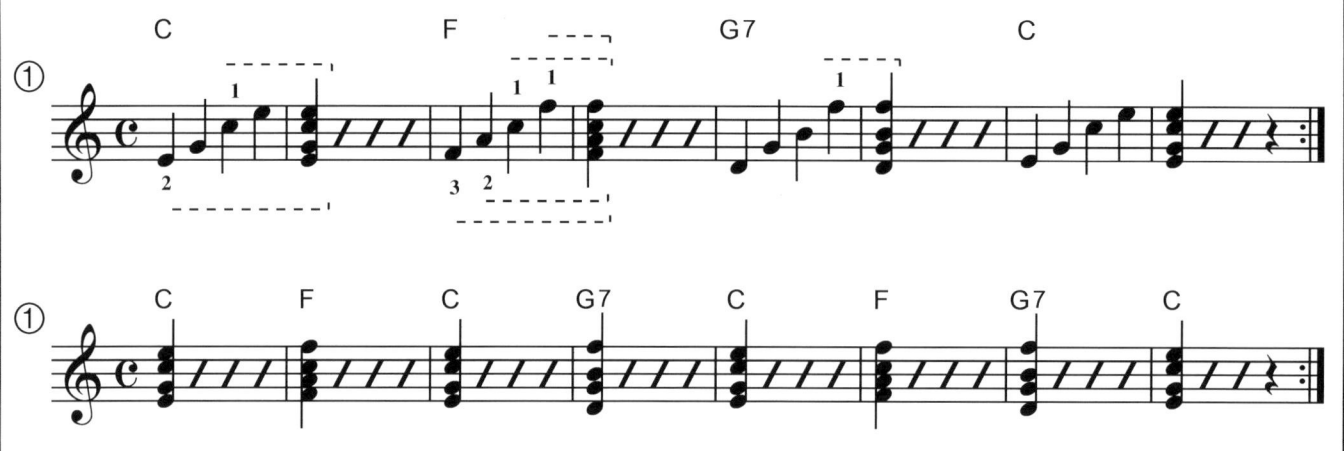

Carillon

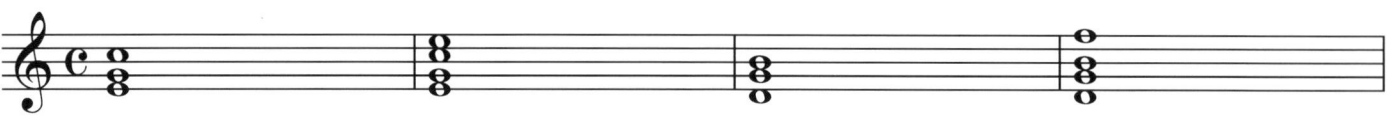

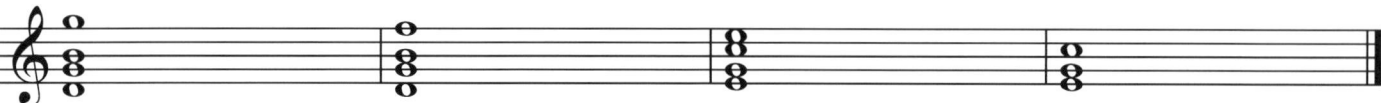

Études d'accords

Rez-de-chaussée
Acc. par le professeur

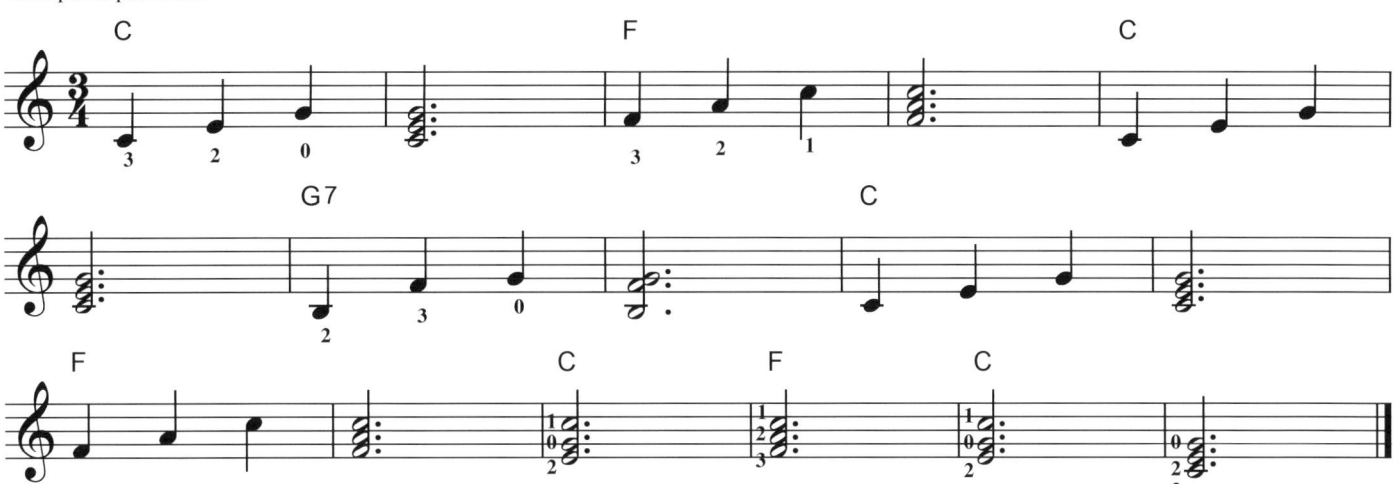

Accords en promenade
Acc. par le professeur

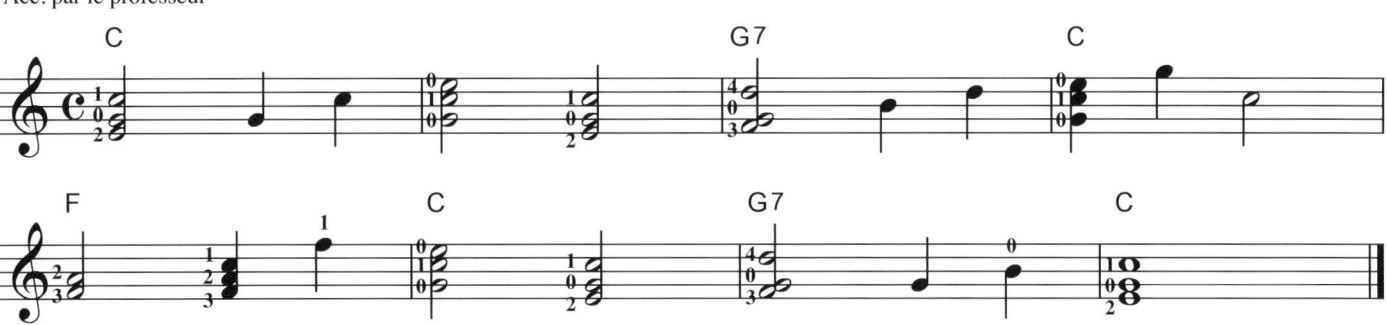

Chanson de mai
Acc. par le professeur

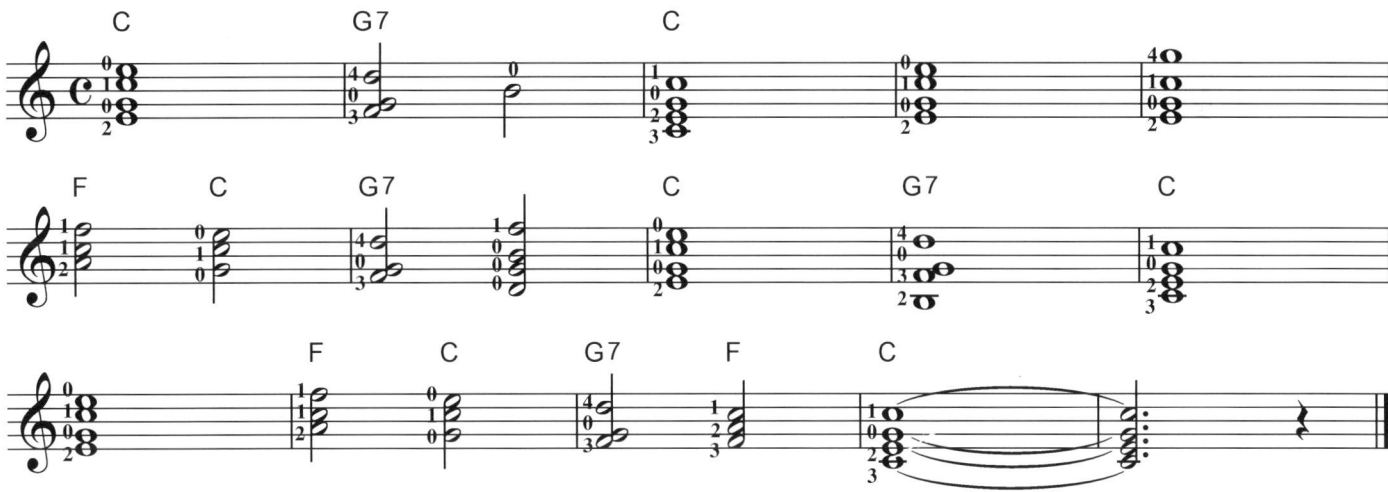

Rodage des accords
Acc. par le professeur

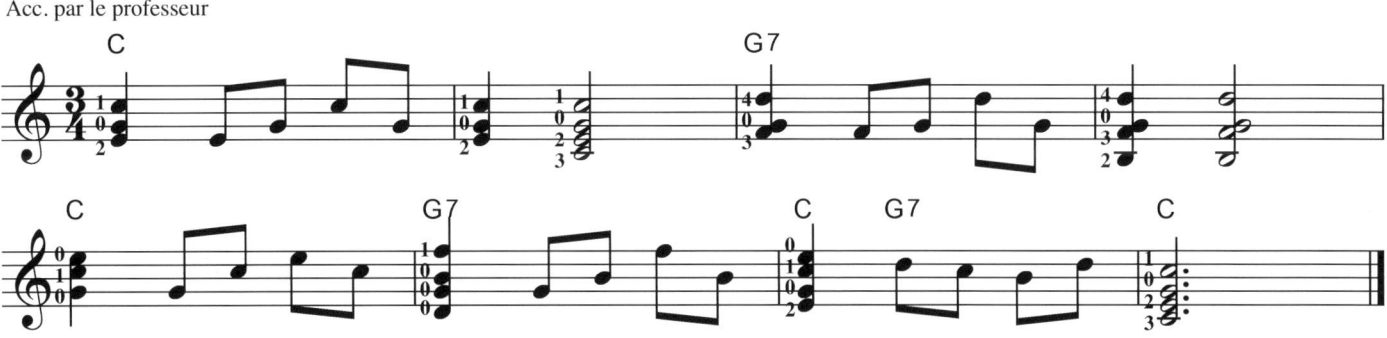

My Country Tis of Thee
Acc. par le professeur

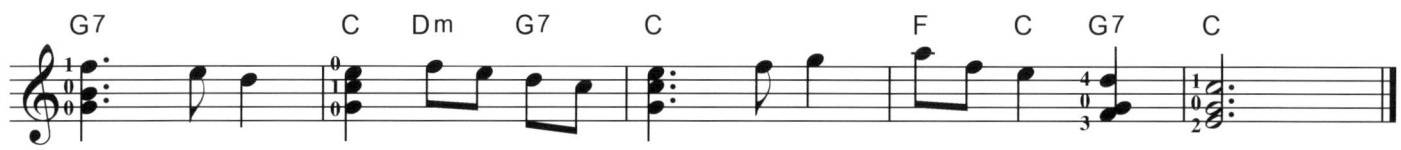

Green Grow the Lilacs
Acc. par le professeur

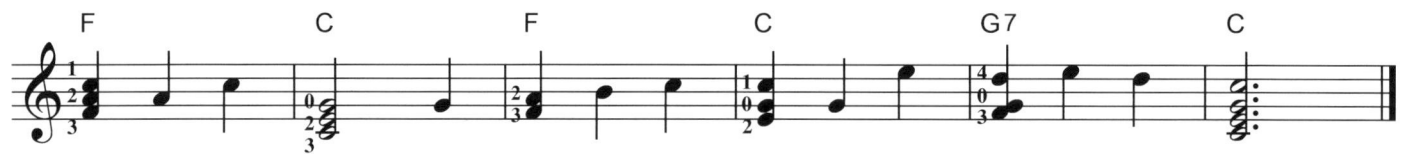

Bouquet d'accords
Acc. par le professeur

Follow the Leader
Duo pour guitares

Arr. par Mel Bay

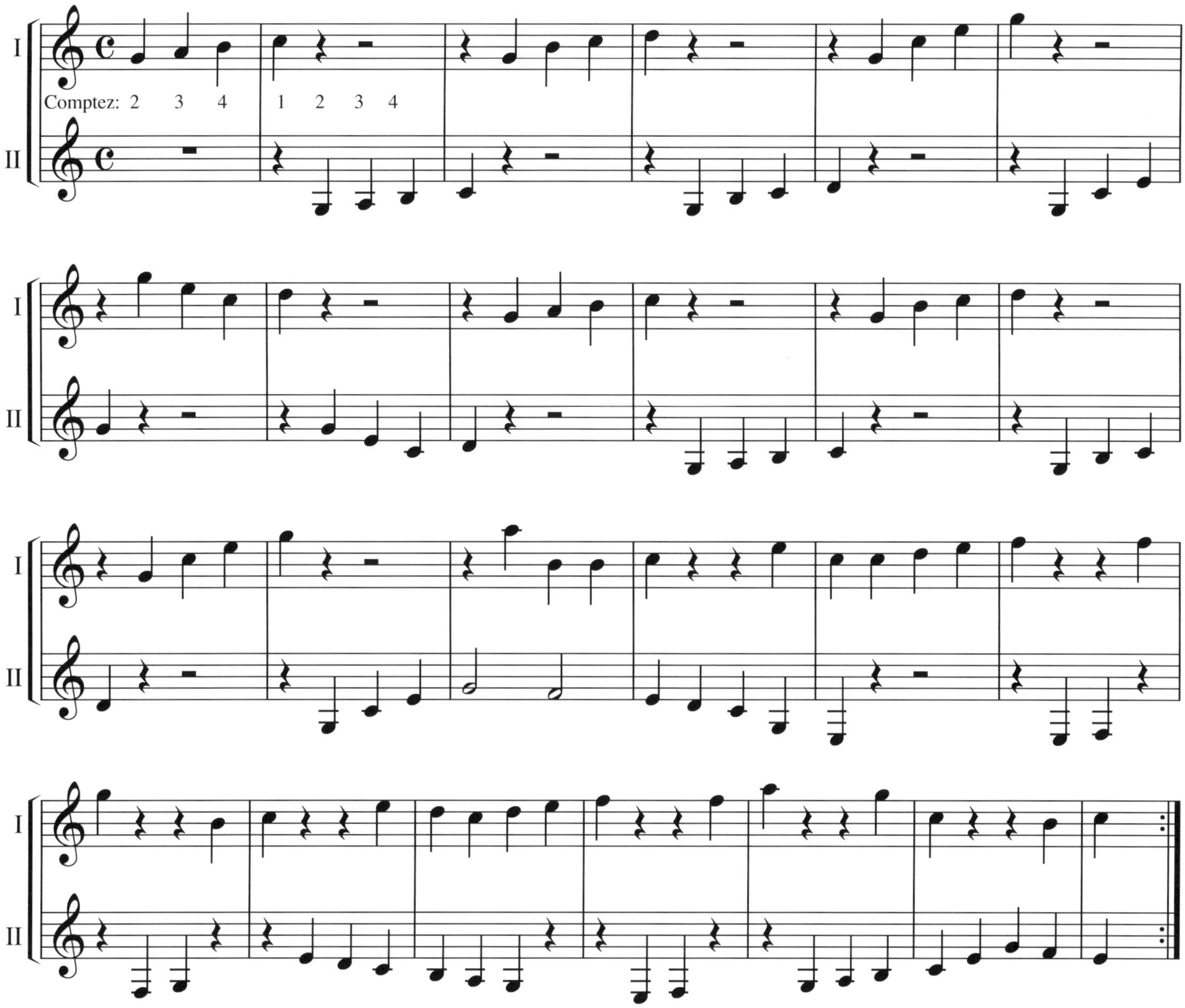

Comptez: 2 3 4 | 1 2 3 4

Canon de Tallis

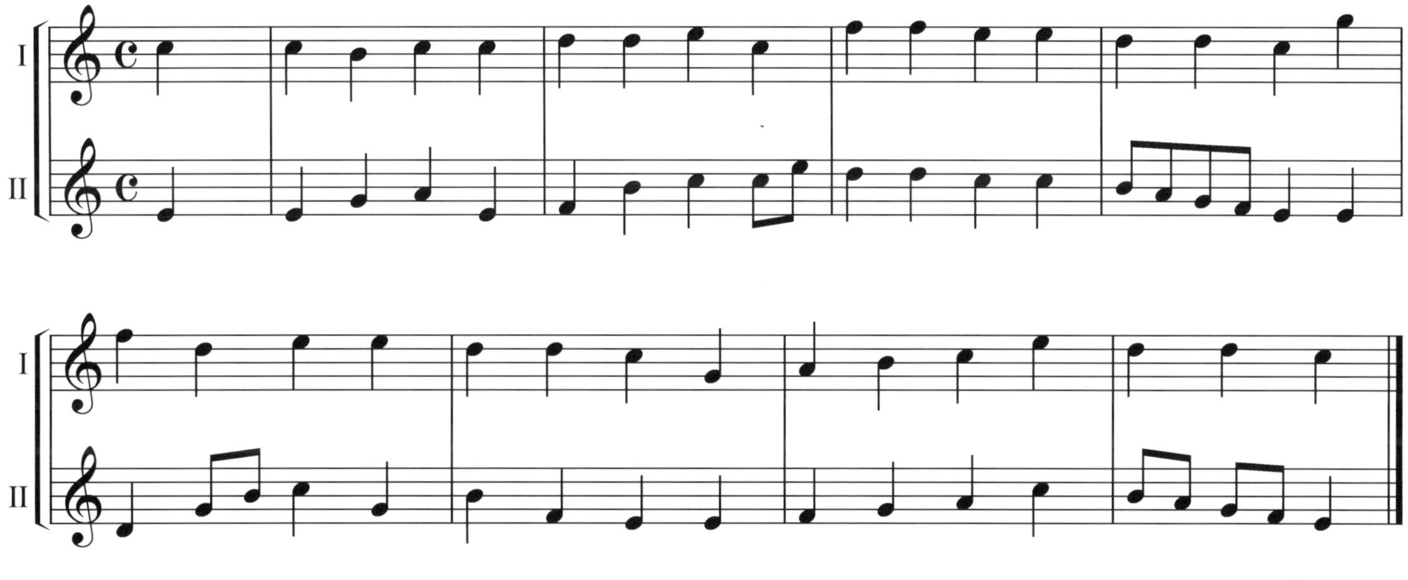

Solos de basse avec accompagnement en accords

Dans ces exercices, la queue des notes jouées par la basse est tournée vers le bas et celle des notes d'accompagnement est tournée vers le haut.

Comptez: 1 2 3

Dans l'exemple ci-dessus, la blanche pointée (E), dont la queue est tournée vers le bas, est jouée sur le 1er temps et tenue sur les 2e et 3e temps.

Le soupir qui se trouve au-dessus de la blanche pointée indique qu'il n'y a pas d'accompagnement sur le 1er temps. Les accords, dont les notes ont la queue tournée vers le haut, sont joués sur les 2e et 3e temps.

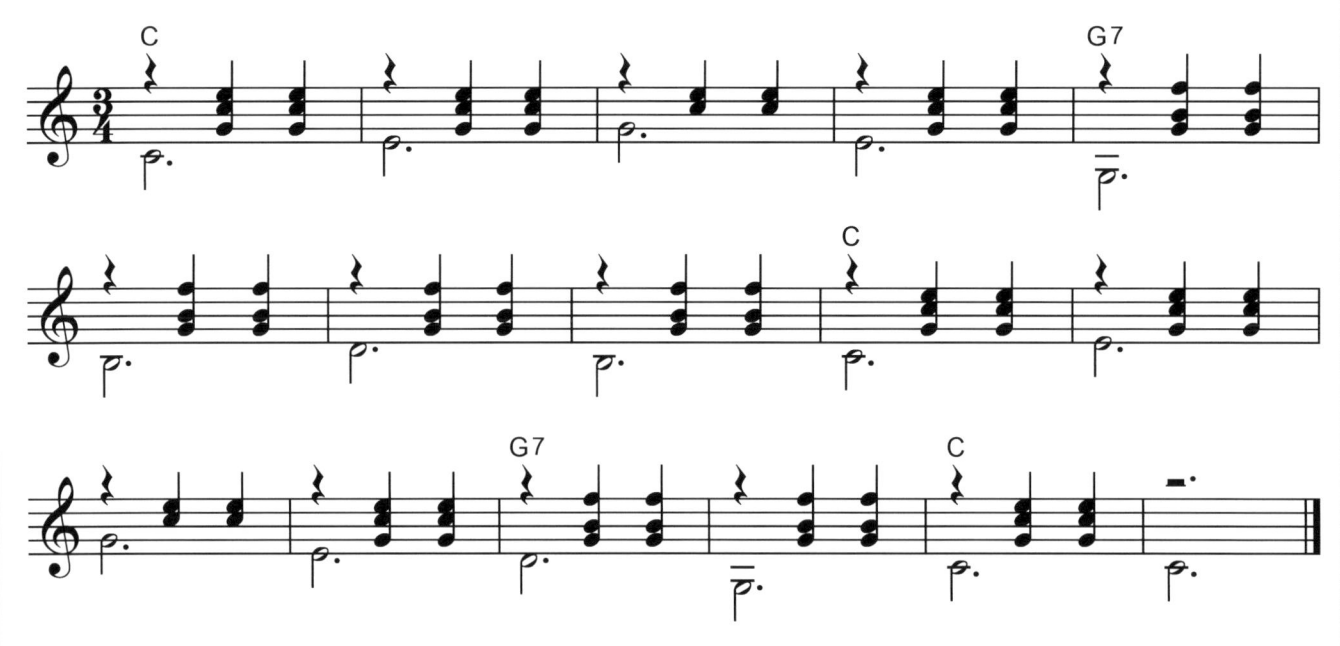

Gliding Along

Mel Bay

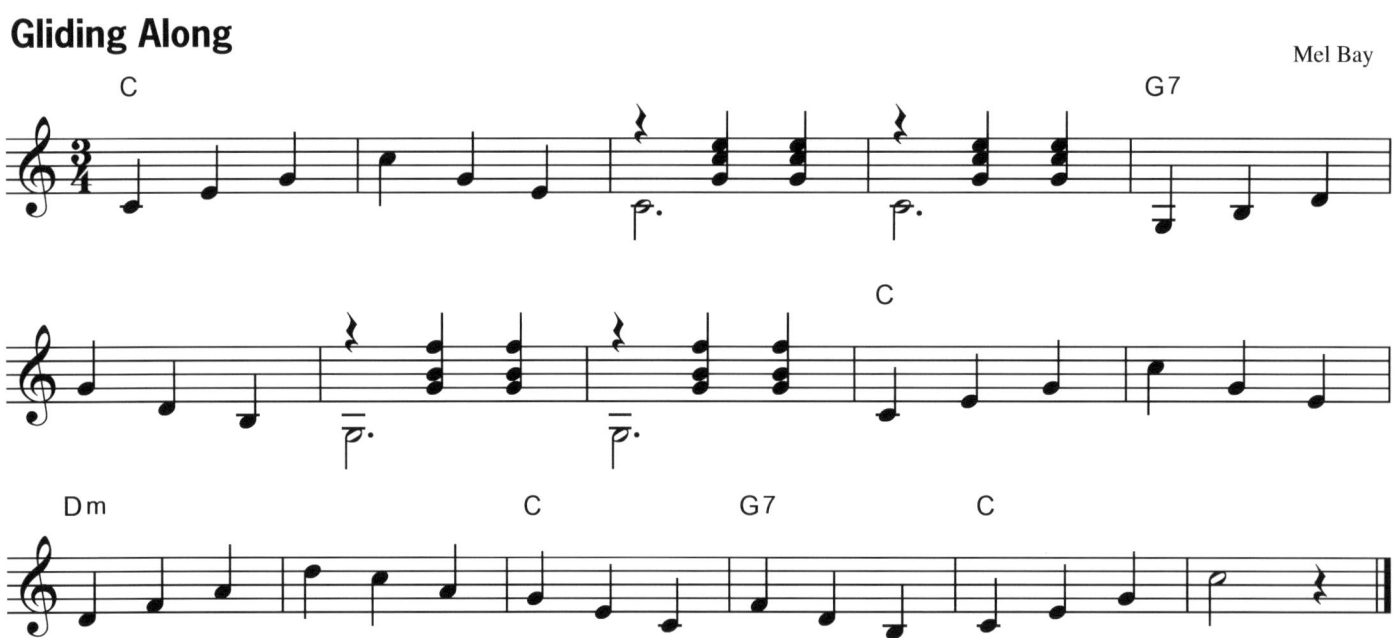

Hymne
Acc. par le professeur

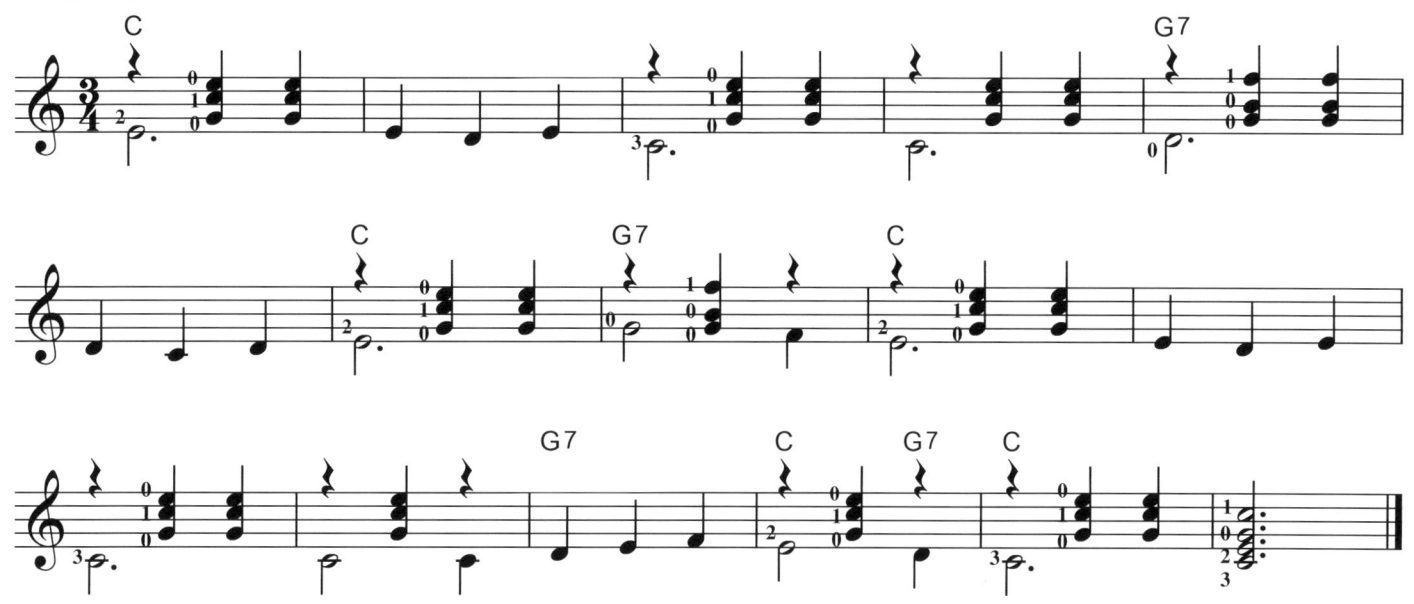

Valse campagnarde
Acc. par le professeur

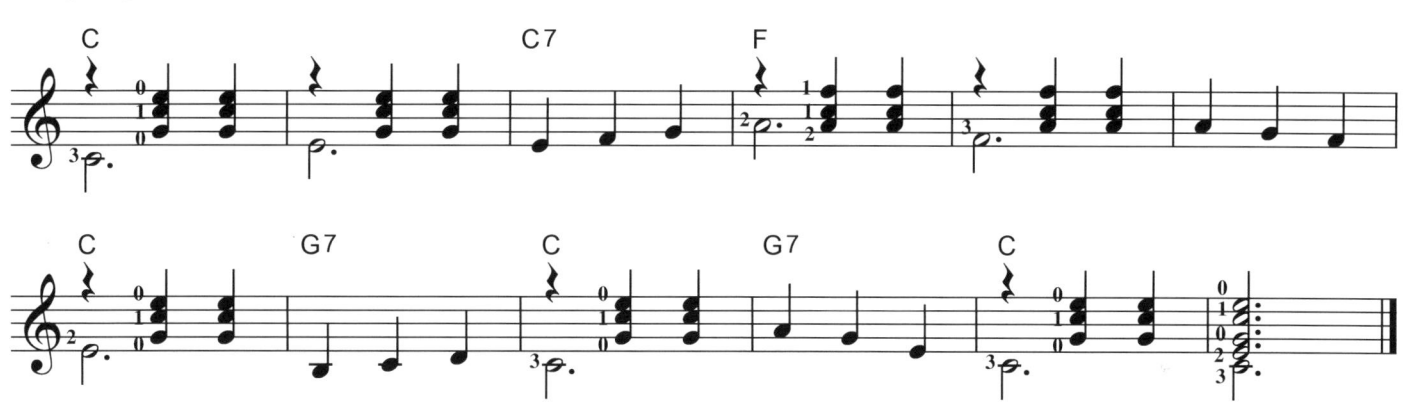

Chanson de l'Ouest
Acc. par le professeur

Oh Bury Me Not on the Lone Prairie
Acc. par le professeur

Red River Valley
Acc. par le professeur

Sawdust Trail
Acc. par le professeur

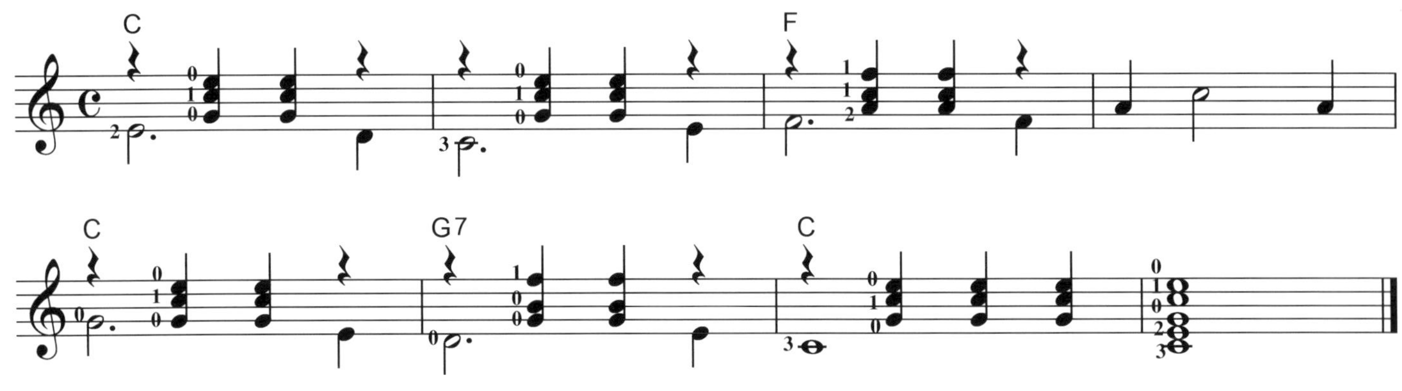

La tonalité de Do

Jusqu'ici, tous les exercices ont été en tonalité de Do. Cela signifie que les notes de toutes ces mélodies sont tirées de la gamme de Do (voir ci-contre).

La gamme de Do est ainsi qualifiée parce qu'elle commence par un Do. Elle couvre ensuite toutes les autres notes jusqu'au Do suivant: Do-Ré-Mi-Fa-Sol-La-Si-Do, ou C-D-E-F-G-A-B.

Nous examinerons de plus près le sujet des tonalités et des gammes dans les chapitres sur la théorie et l'harmonie.

La gamme de Do

Ascendante

Degrés 1 1 1/2 1 1 1 1/2

Descendante

Études de gammes

①

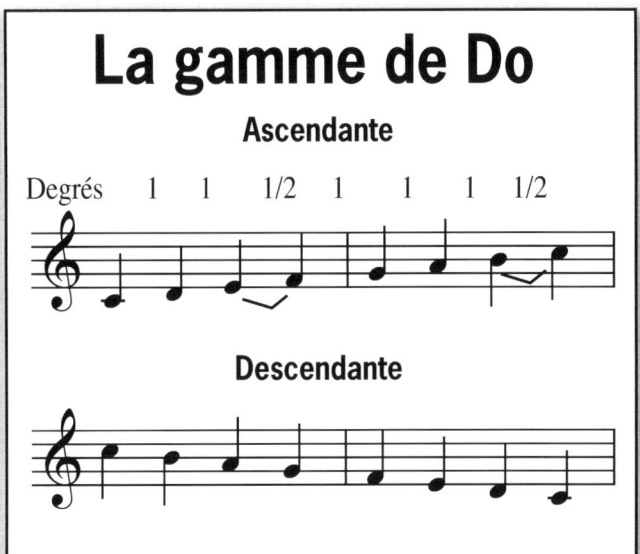

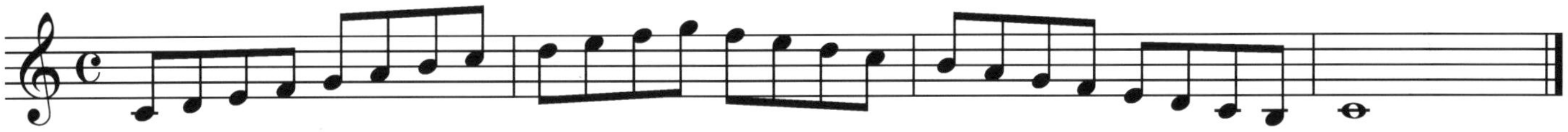

②

Acc. par le professeur

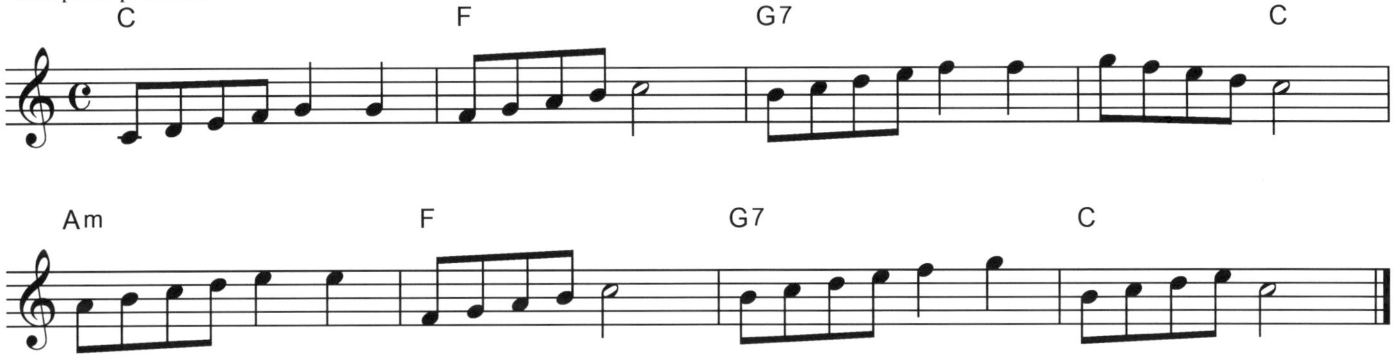

③

Acc. par le professeur

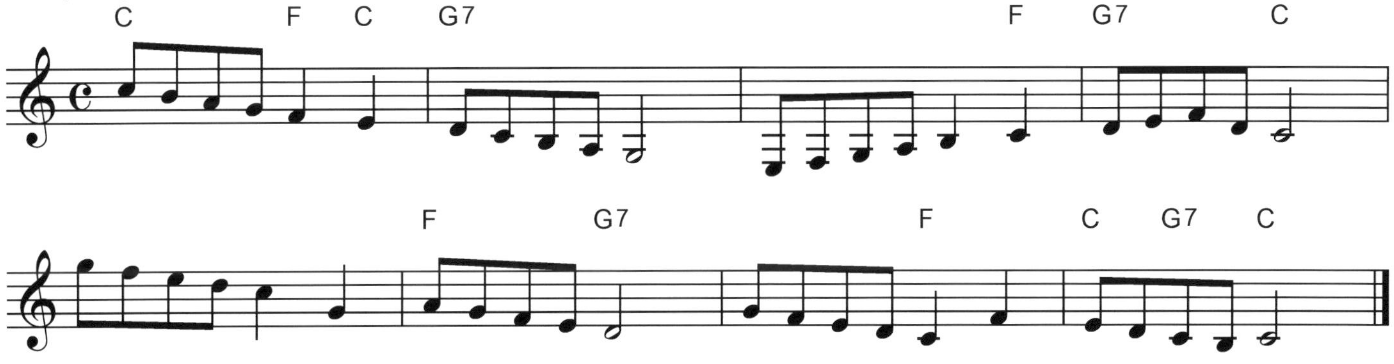

Shenandoah
Acc. par le professeur

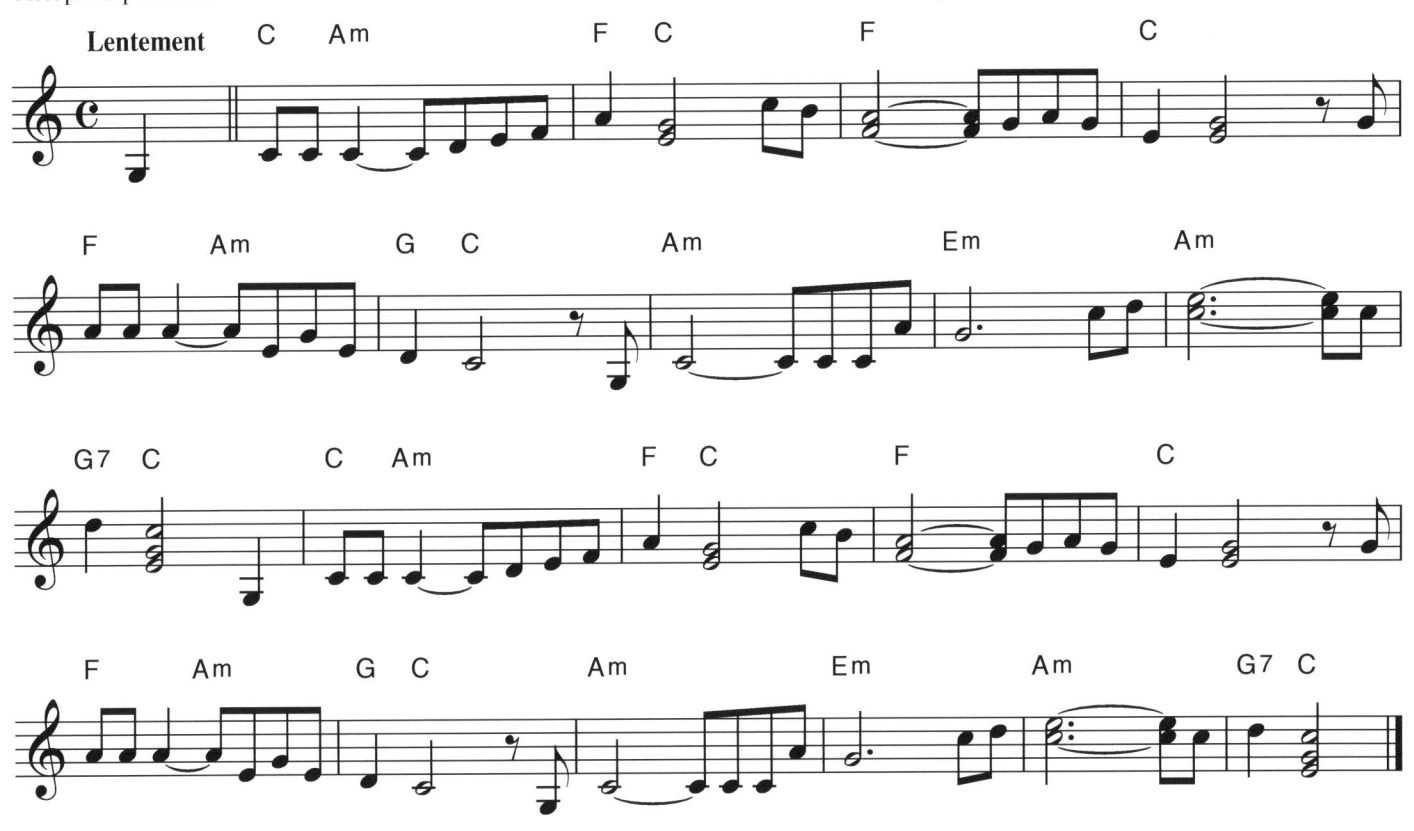

Shenandoah – Version avancée
Acc. par le professeur

Blue Bells of Scotland
Acc. par le professeur

Blue Bells of Scotland – Version avancée
Acc. par le professeur

Accords en tonalité de Do majeur

Il y a trois accords de base en tonalité de Do: Do, Fa et Sol 7ᵉ.

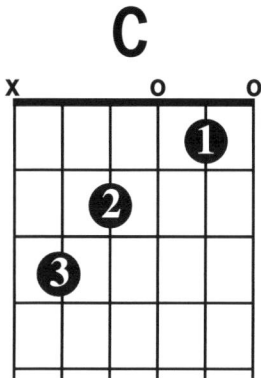 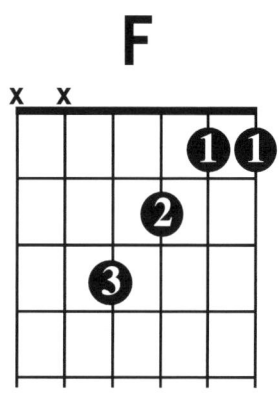 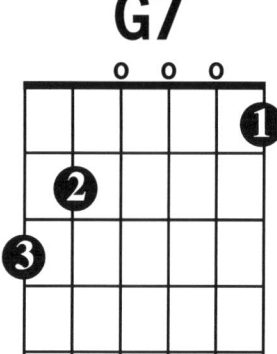

- Les points indiquent la position des doigts sur le manche.
- Les numéros correspondent aux doigts.
- Un "X" signifie qu'il ne faut pas faire sonner la corde au-dessus de laquelle il est placé.
- Un "O" signifie qu'il faut faire sonner la corde à vide.
- Posez les doigts aux endroits indiqués et donnez un seul coup de médiator.

Notation des accords

Styles d'accompagnement en Do majeur

Basse et accords en alternance

En 3/4

Exercice de gamme quotidien

Comptez: 1 & 2 & 3 & 4 &

(Répétez ⊓ V ⊓ V)

L'exercice ci-dessus doit être joué lentement au début, puis en accélérant progressivement pour arriver à un tempo modéré.
C'est un excellent exercice à faire quotidiennement.

Running Around
Acc. par le professeur

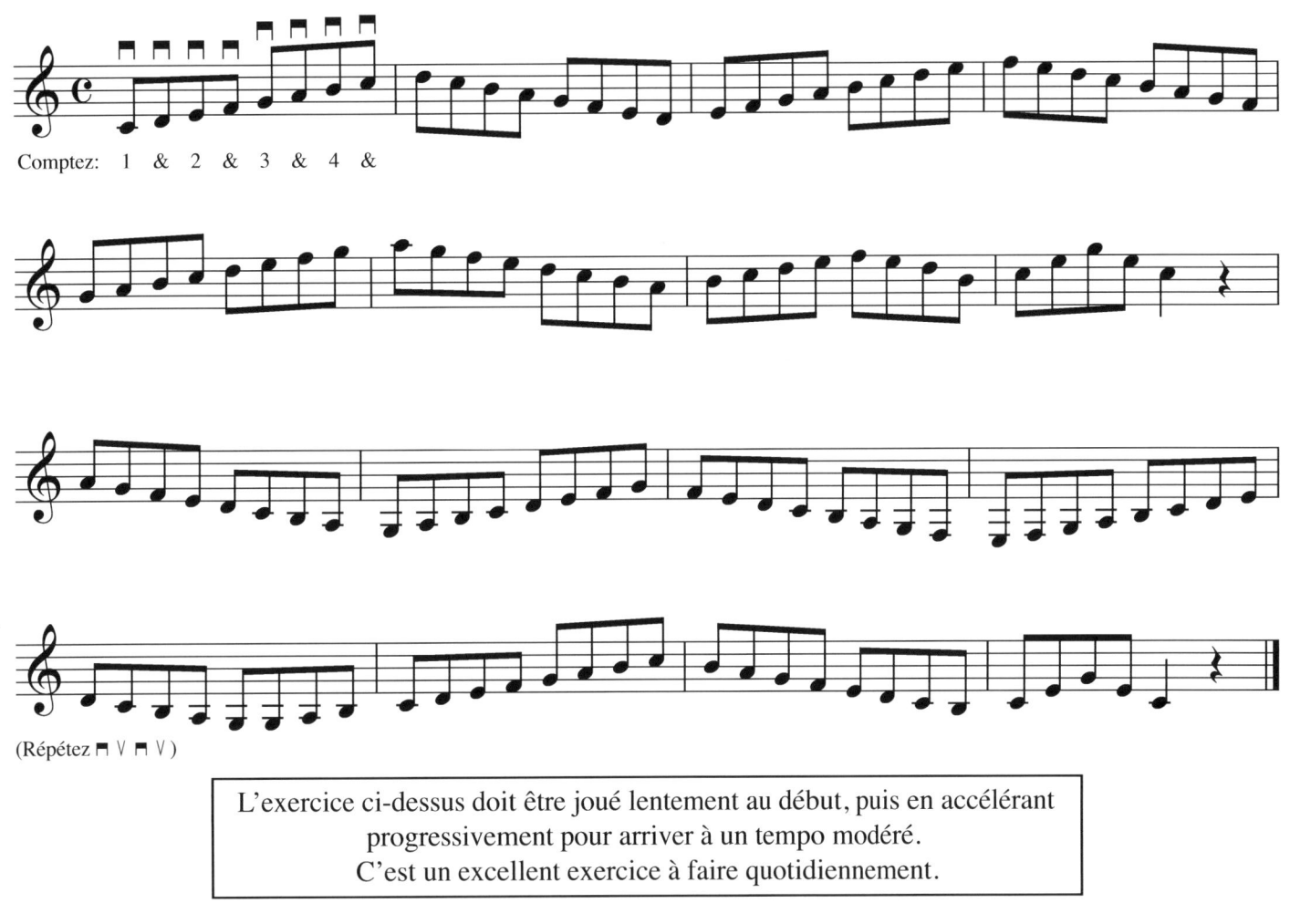

Home, Home, Can I Forget Thee

Long, Long Ago

Ton et demi-ton

L'intervalle le plus petit entre deux notes est un demi-ton. Sur la guitare, chaque case est séparée d'un demi-ton.

Un ton se compose de deux demi-tons. Sur la guitare, deux cases représentent un ton.

Les notes de la gamme ne sont pas également espacées entre elles. La gamme de Do (comme les autres gammes diatoniques) est composée de 5 tons et de 2 demi-tons. Ces derniers se trouvent entre Mi et Fa et entre Si et Do. Les autres notes sont séparées d'un ton.

L'altération

L'**altération** est un signe qui modifie le son de la note à laquelle il est affecté.

Le dièse ♯

Un dièse placé devant une note élève le son de celle-ci d'un demi-ton, soit une case.

Le bémol ♭

Un bémol placé devant une note abaisse le son de celle-ci d'un demi-ton, soit une case.

Le bécarre ♮

Le bécarre annule l'effet d'un dièse ou d'un bémol: il abaisse un son élevé par le dièse ou élève le son abaissé par le bémol.

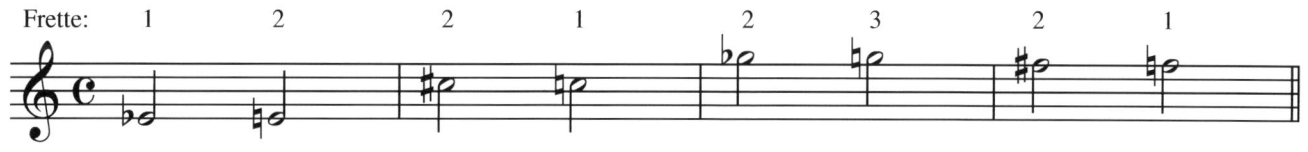

Le dièse

Un **dièse** placé devant une note élève le son de celle-ci d'un demi-ton, soit une case.
Étudiez les notes ci-dessous.

1ère corde

Souvenez-vous que l'effet du dièse se produit sur toutes les notes de même nom se trouvant dans la même mesure, à moins qu'il ne soit annulé par un **bécarre** (♮).

1ère corde – Dièses et bécarres

2e corde

3e corde

4e corde

5e corde

6e corde

Walking Guitar

Le bémol

Un **bémol** placé devant une note abaisse le son de celle-ci d'un demi-ton, soit une case.
Étudiez les notes ci-dessous. Un **bécarre** (♮) annule l'effet du bémol.

1ère corde

2e corde

3e corde

4ᵉ corde

5ᵉ corde

6ᵉ corde

Benny's Flat

Indications de tempo

Le **tempo** indique le mouvement, plus ou moins rapide, à respecter pendant l'exécution d'un morceau de musique. Il est généralement écrit en italien au-dessus de la portée. Cet ouvrage comporte trois types de tempo: **Andante** = plutôt lent. **Moderato** = modéré. **Allegro** = vif, rapide.

Playtime
Duo pour guitares

Pleyel
Arr. par Mel Bay

La tonalité de La mineur

(Relative à la gamme de Do majeur)

- On appelle gammes relatives deux gammes, l'une majeure et l'autre mineure, qui sont formées des mêmes sons.
- Une gamme majeure a toujours une gamme mineure relative.
- La gamme mineure relative est construite à partir de la 6e note de la gamme majeure.
- Les gammes diatoniques, majeures et mineures, se composent toujours de sept notes.
- La différence entre une gamme majeure et une gamme mineure est l'ordre des tons et demi-tons.
- Il y a trois formes de gamme mineure: naturelle, harmonique et mélodique.

La gamme de La mineur

Gamme naturelle

Gamme harmonique

La 7e note est élevée d'un demi-ton, aussi bien en montant qu'en descendant.

Gamme mélodique

Les 6e et 7e notes sont chacune élevées d'un demi-ton en montant et reviennent à leur hauteur normale en descendant.

Accords en tonalité de La mineur

m = mineur

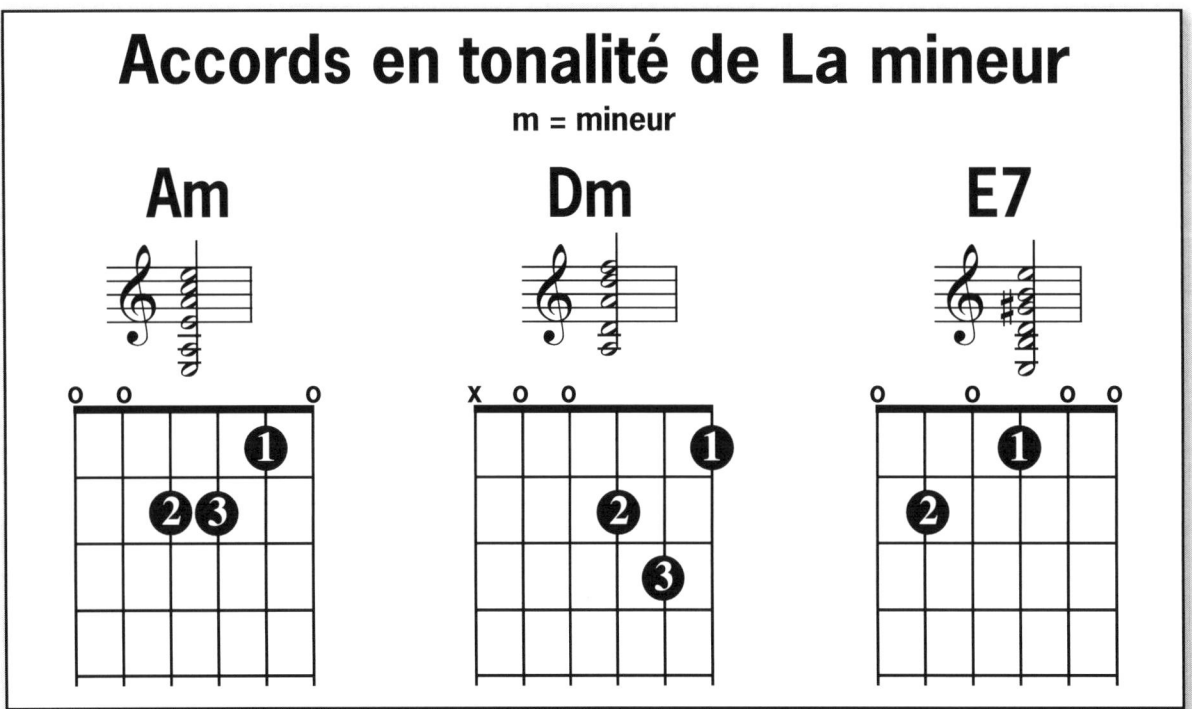

Styles d'accompagnement en La mineur

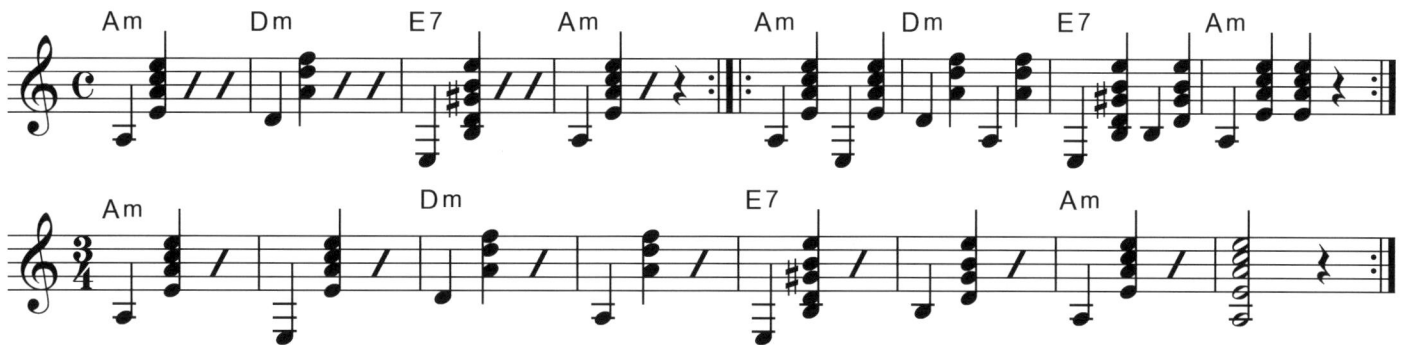

Style d'orchestration

La ligne diagonale (⁄) indique un accord. Les accords tombent sur chaque temps de la mesure.

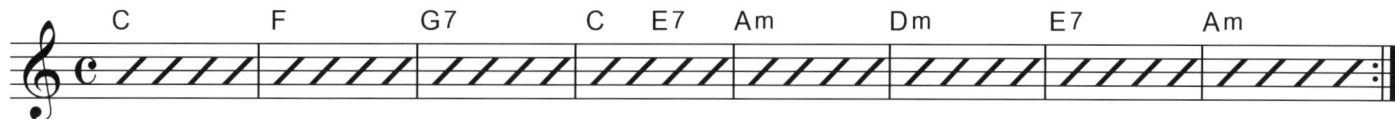

Répétez les exercices d'accompagnement jusqu'à ce que vous puissiez les jouer sans manquer un seul temps.

Études d'accords en tonalité de La mineur

⁄ = Gratter l'accord en bas

= Gratter en bas puis en haut

En bas En haut

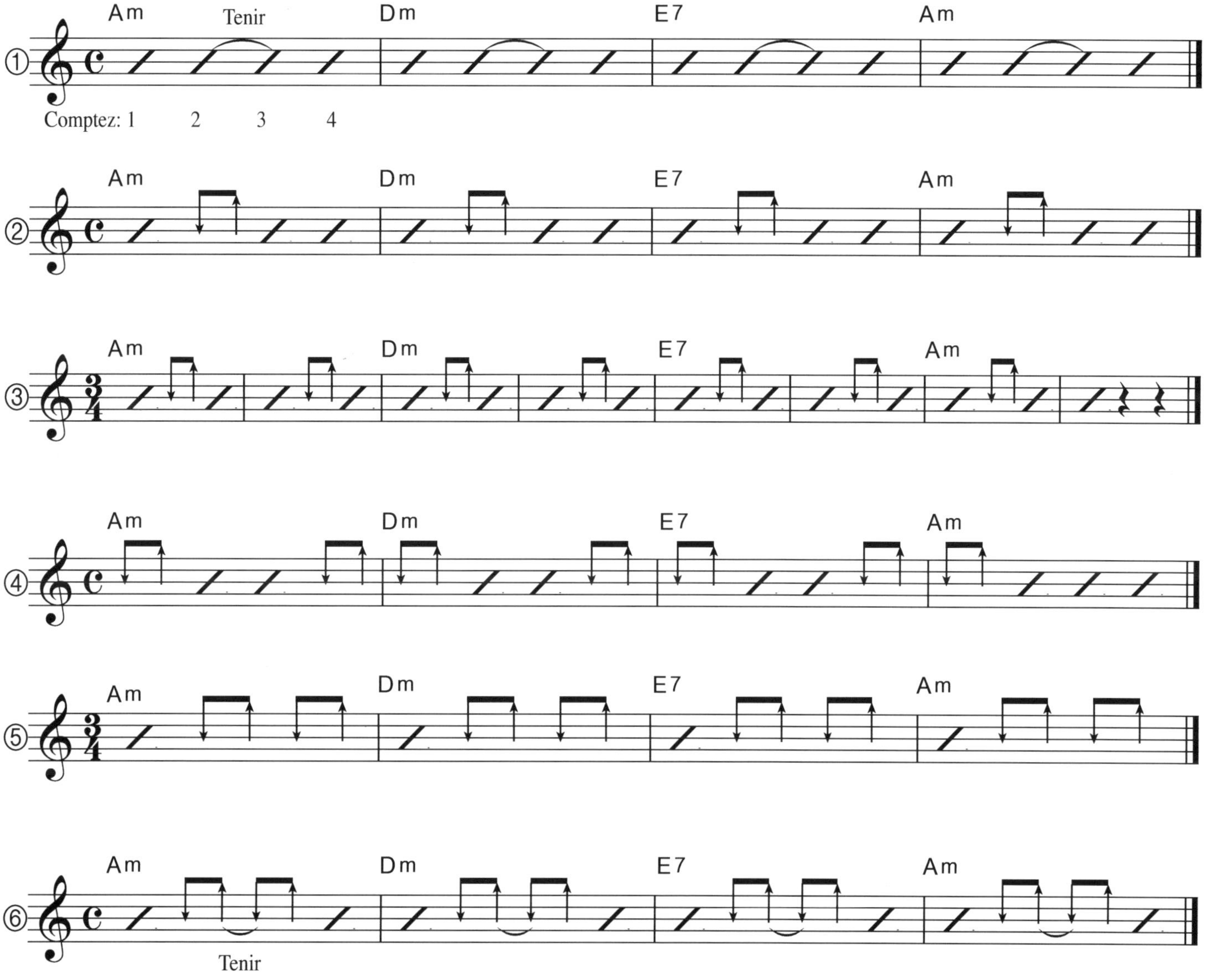

Exercice quotidien – Gamme de La mineur

Gamme harmonique

(Répétez ⊓ V ⊓ V)

Études de picking en La mineur

①

②

③

Sailing
Acc. par le professeur

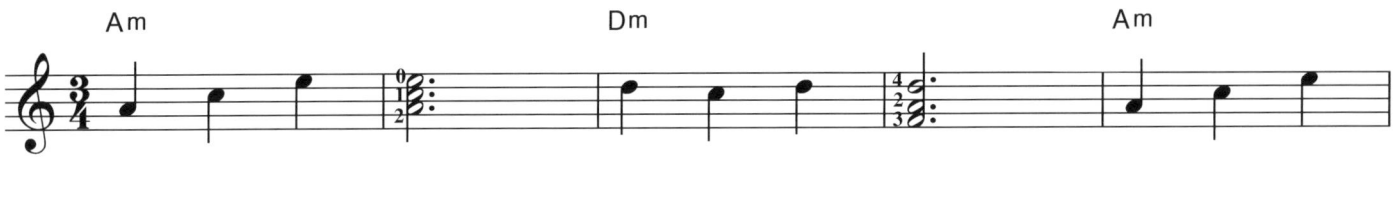

Minor Song
Acc. par le professeur

Journey
Acc. par le professeur

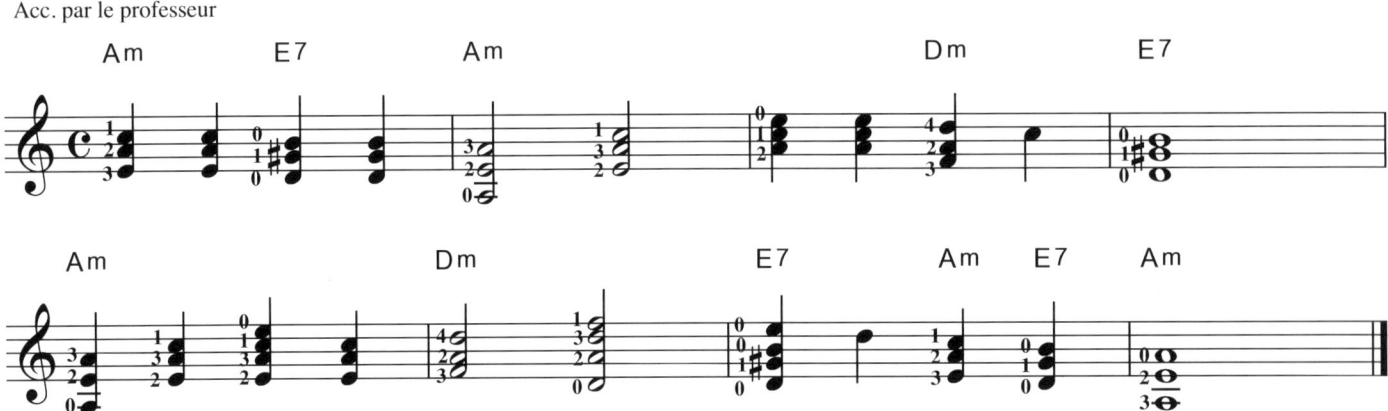

Point d'orgue : 🎵 Ce signe signifie qu'il faut prolonger la note ou le silence au-delà de sa valeur.

Wayfaring Stranger
Acc. par le professeur

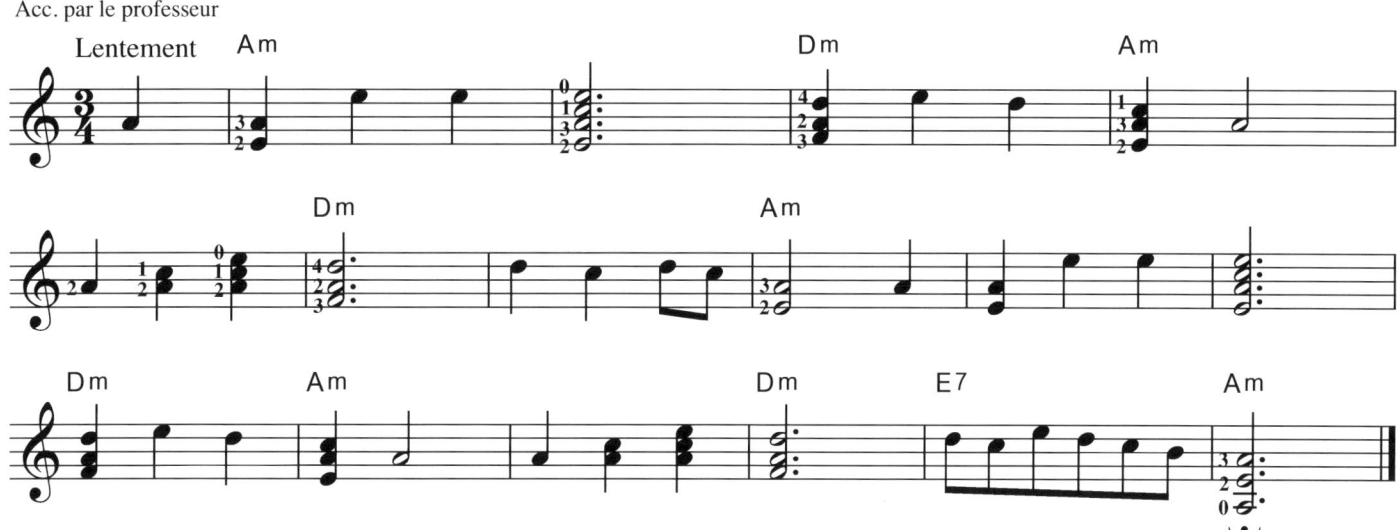

Autre exercice quotidien en La mineur

(Répétez ⊓ V ⊓ V)

Coup de médiator en haut: V Cette attaque sera employée pour chaque deuxième croche de même hauteur.

A Visit to the Relatives

Première et deuxième fins

Il arrive, lorsqu'une partie est répétée, qu'elle se termine de façon différente. La première fin mène à la répétition du passage, la deuxième fin le termine pour de bon. On les indique ainsi:

Jouez le morceau jusqu'à la 1ère fin, reprenez-le au début (ou à l'endroit indiqué), **sautez** la 1ère fin et jouez la 2e fin.

Shady Glen
Acc. par le professeur

Careless Love
Acc. par le professeur

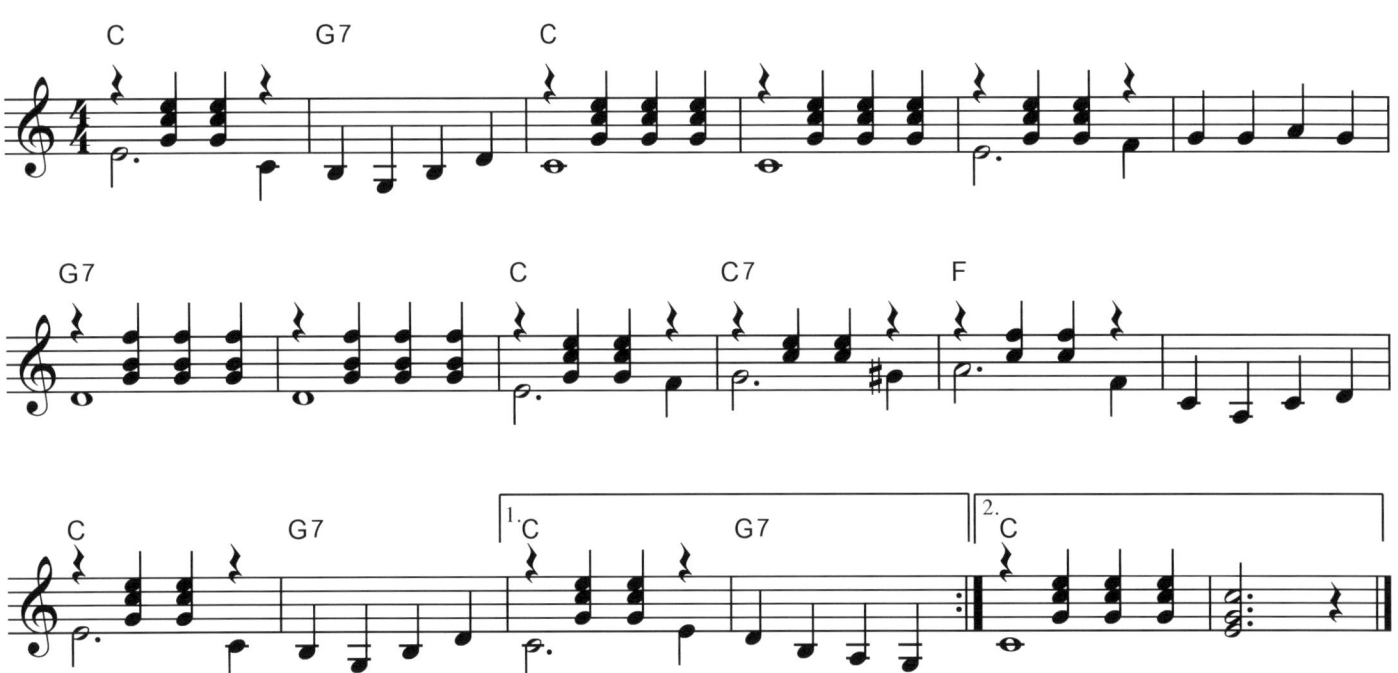

Solos en picking

Foggy Mountain Run
Acc. par le professeur

The Shire
Acc. par le professeur

Bluegrass Sunrise
Acc. par le professeur

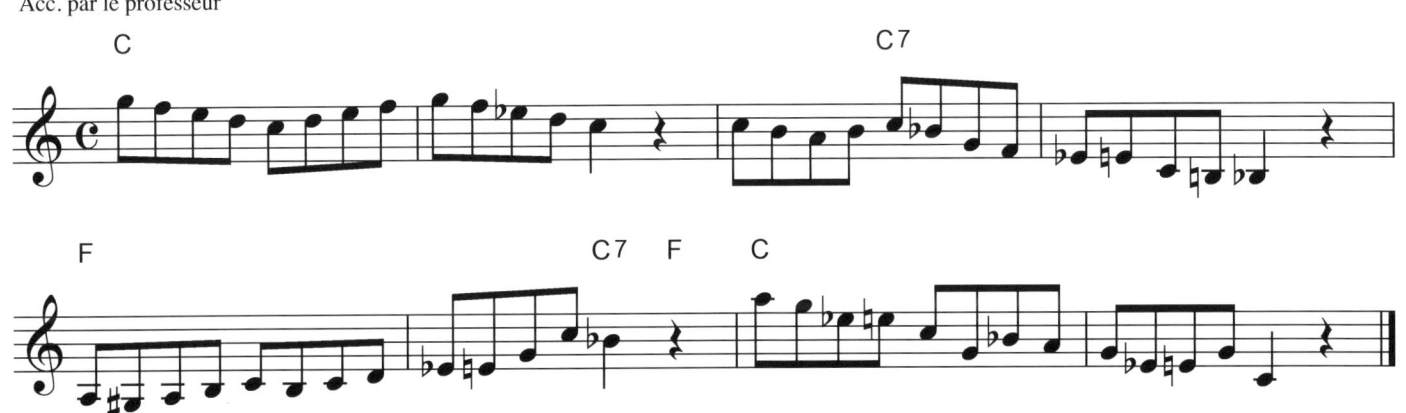

Cradle Song
Acc. par le professeur

> ***D.C. al fine*** signifie qu'il faut reprendre un morceau à partir du début jusqu'à un endroit signalé par le mot ***Fine*** (fin), où s'achève le morceau. ***D.C.*** signifie *Da capo*, "à partir du début", ***al fine*** signifie "jusqu'à la fin."

Blue Ridge Trail
Acc. par le professeur

Termes indiquant les variations de tempo

Ritardando (ritard.) = en ralentissant   *Accelerando (acc.)* = en accélérant

Billy's Duet

Lafayette Square

Song Without Words
Duo pour guitares

Arr. par Mel Bay

Terry's Tune

Mel Bay

La tonalité de Sol (G)

La tonalité de Sol comprend une note dièsé (F#). Elle est indiquée par une altération au début du morceau qui forme l'**armature à la clé**:

Les Fa seront donc joués ainsi:

6ᵉ corde	4ᵉ corde	1ère corde
2ᵉ frette	4ᵉ frette	2ᵉ frette
2ᵉ doigt	4ᵉ doigt	2ᵉ doigt

La gamme de Sol

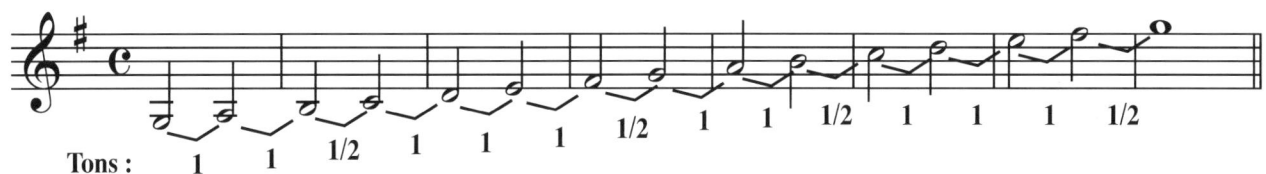

Notez que pour avoir un demi-ton entre les 7ᵉ et 8ᵉ degrés de la gamme, le Fa doit être dièsé. Nous obtenons ainsi une gamme diatonique correcte (1-1-½-1-1-1-½ tons).

Un exercice quotidien

Études de picking en Sol

①

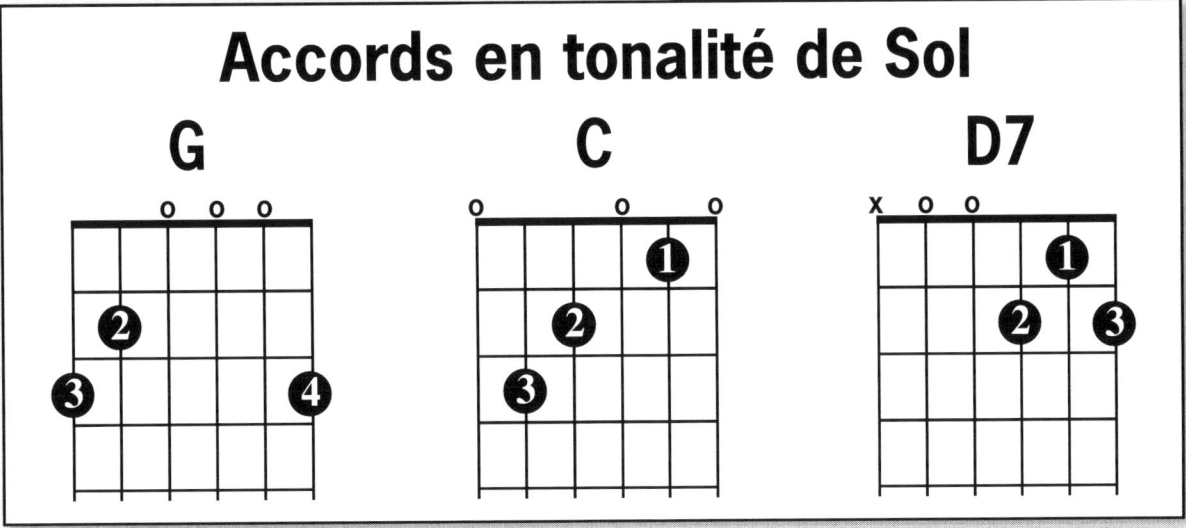

Styles d'accompagnement en Sol

Comptez: 1 2 3 4

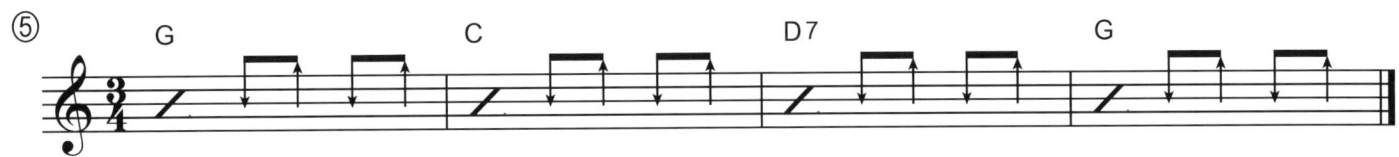

G Boogie
Acc. par le professeur

In the Evening by the Moonlight

 L'étude suivante introduit le Ré et le Si joués ensemble. Pour le Ré, frettez la 2ᵉ corde à la 3ᵉ case avec l'index et pour le Si, frettez la **3ᵉ corde** à la 4ᵉ case avec le majeur.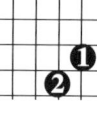

Étude

La mesure à deux temps

Ce signe  indique la mesure **à deux temps**.

2 – nombre de temps par mesure.
4 – une noire vaut un temps.

La mesure à deux temps comprend donc deux temps par mesure, un temps ayant la valeur d'une noire.

The Old Mill
Duo pour guitares

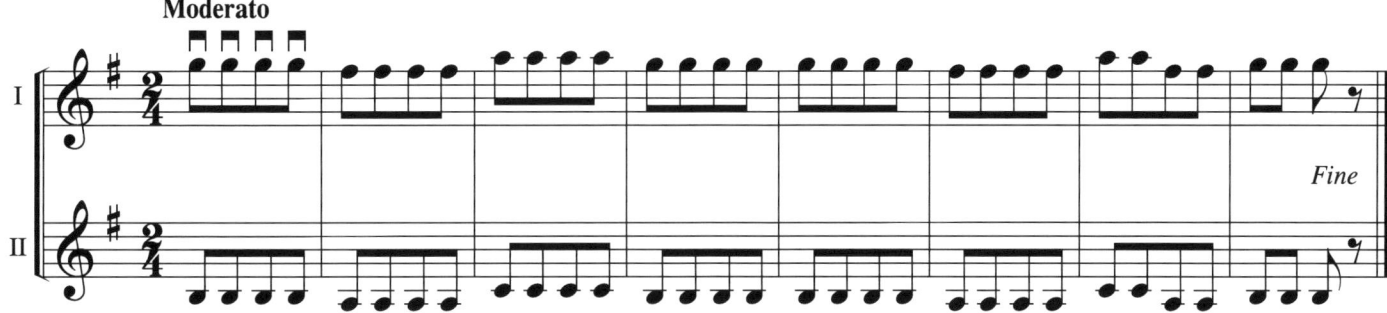

Picking en deux temps
Acc. par le professeur

Cantique autrichien
Duo pour guitares

Haydn

Andante

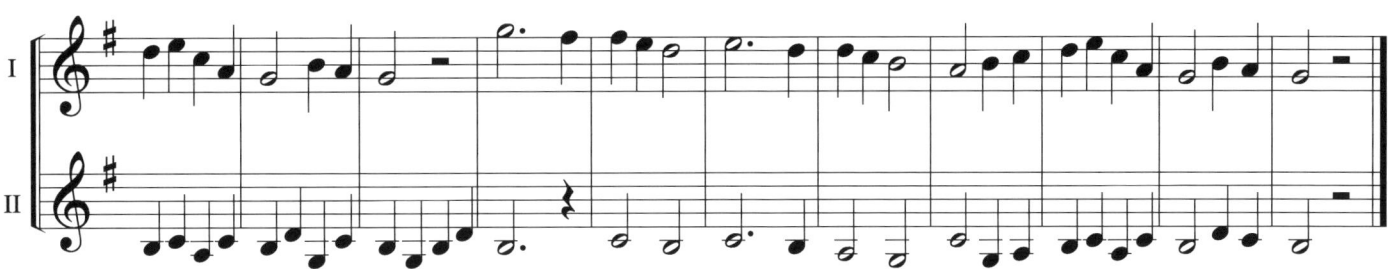

Home on the Range
Solo pour guitare

> = Accent

Andante

* La ligne ondulée placée avant le dernier accord signifie que celui-ci doit être **arpégé** (ou **brisé**), c'est-à-dire qu'il faut faire sonner les notes individuellement, comme sur une harpe.

La tonalité de Mi mineur

(Relative à la gamme de Sol majeur)

L'armure à la clé est la même pour la tonalité de Mi mineur que pour celle de Sol majeur.

Deux gammes en Mi mineur

Harmonique

Mélodique

L'élève doit mémoriser les gammes ci-dessus.

Études de picking

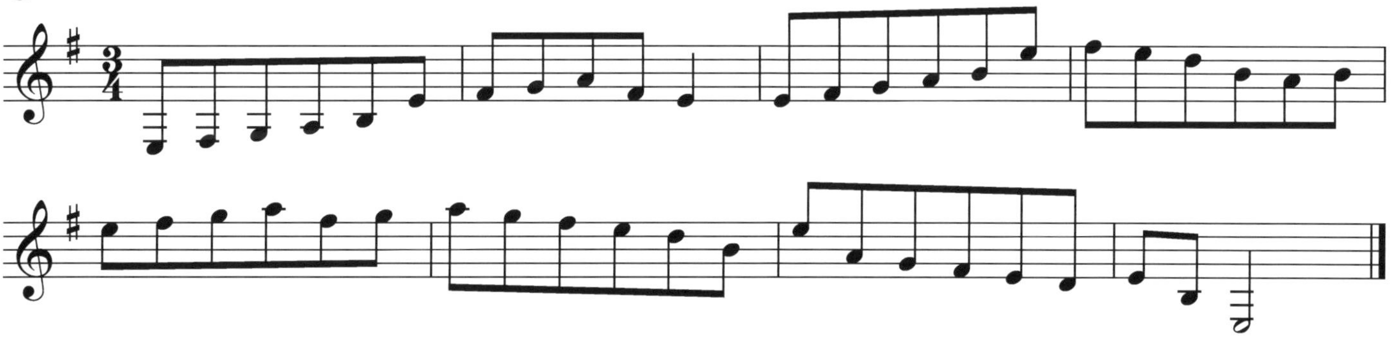

④

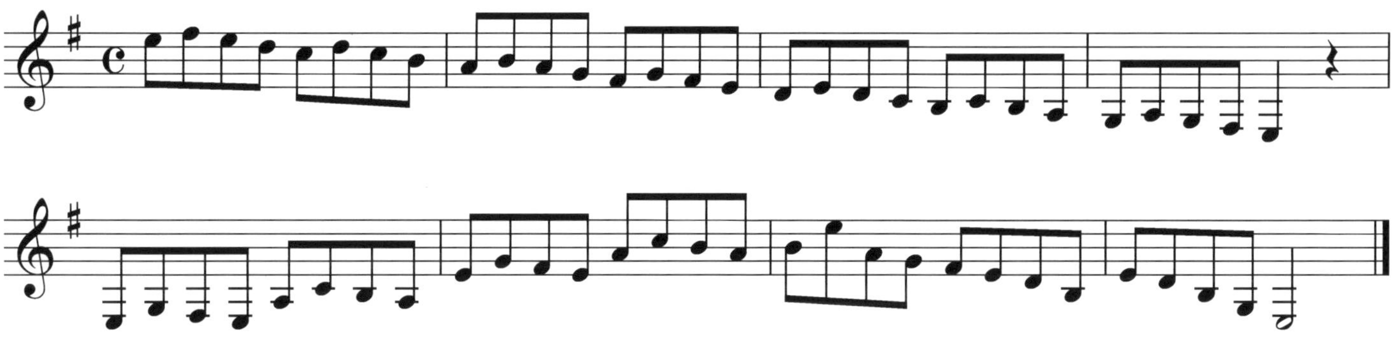

⑤

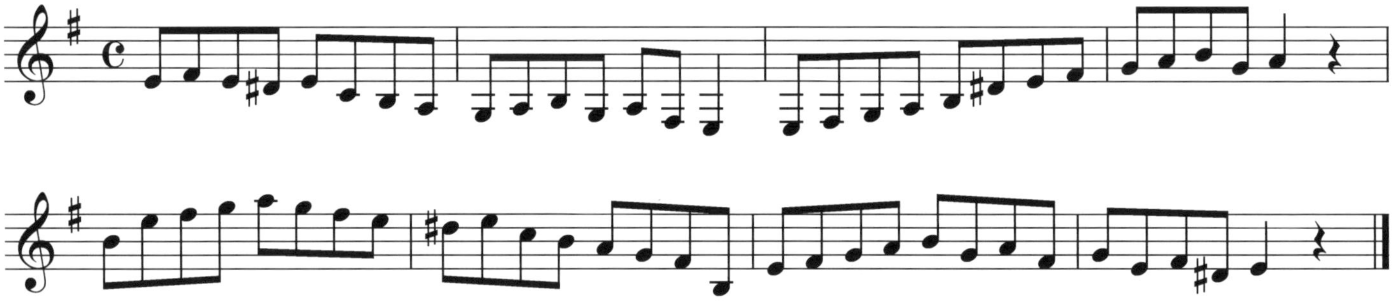

⑥

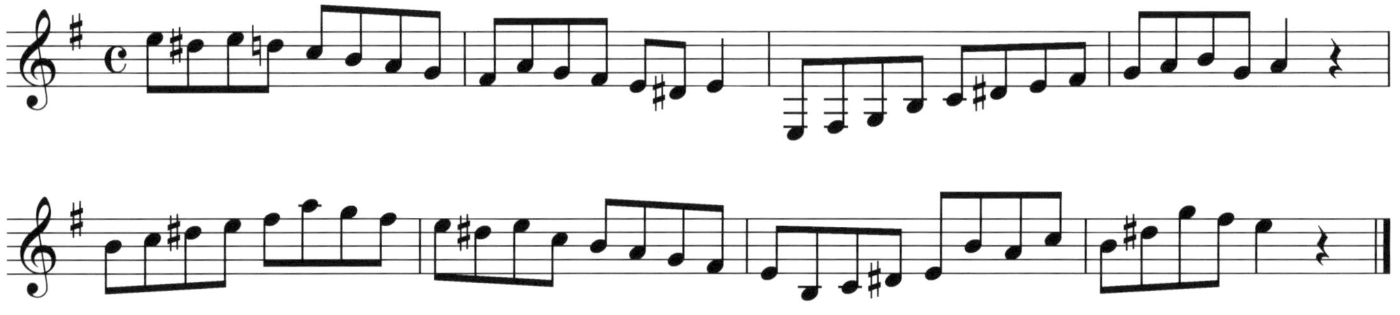

⑦

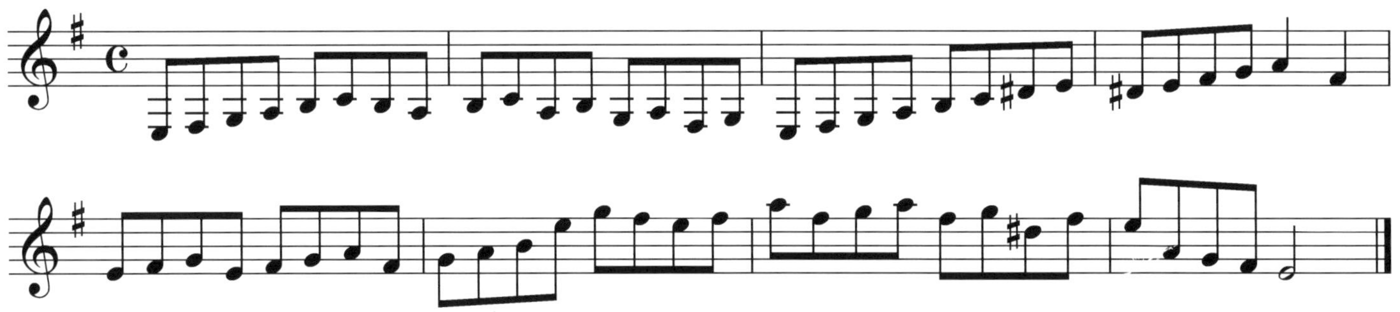

⑧

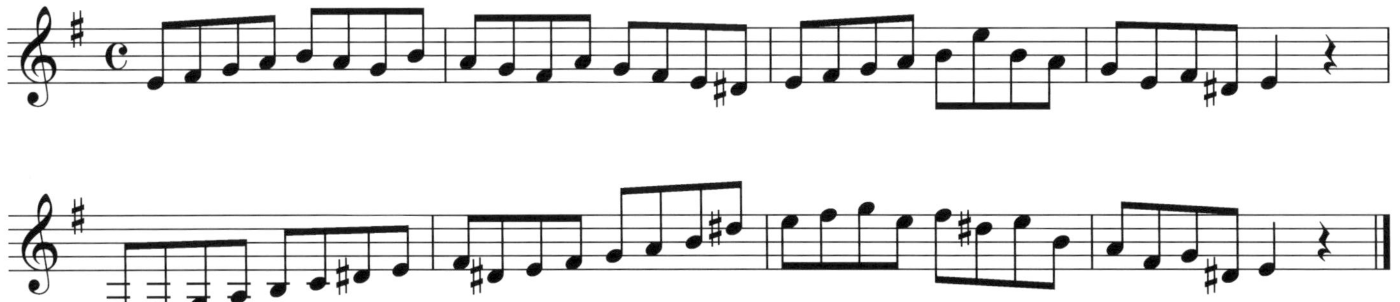

Accords en tonalité de Mi mineur

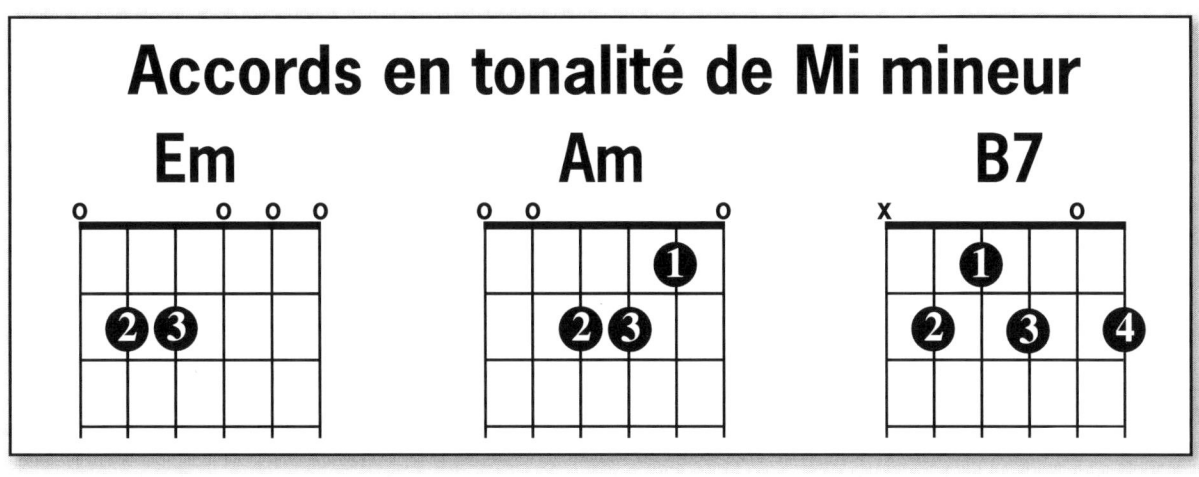

Styles d'accompagnement en Mi mineur

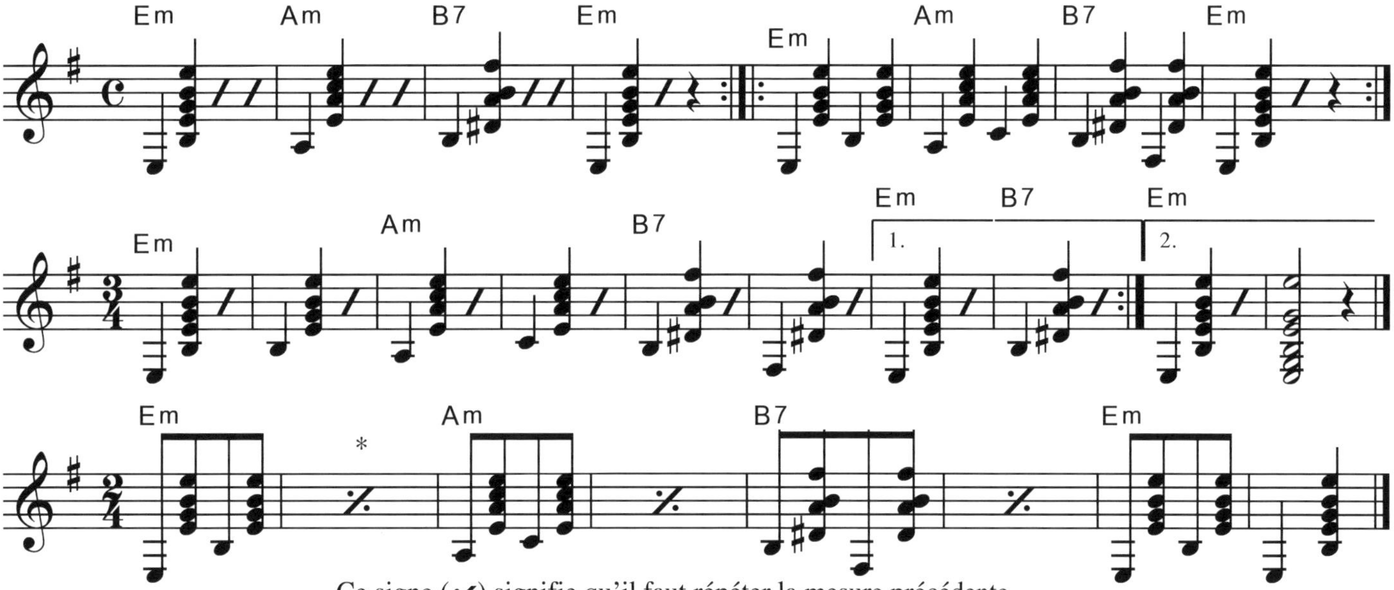

Ce signe (⁒) signifie qu'il faut répéter la mesure précédente.

Styles d'orchestration

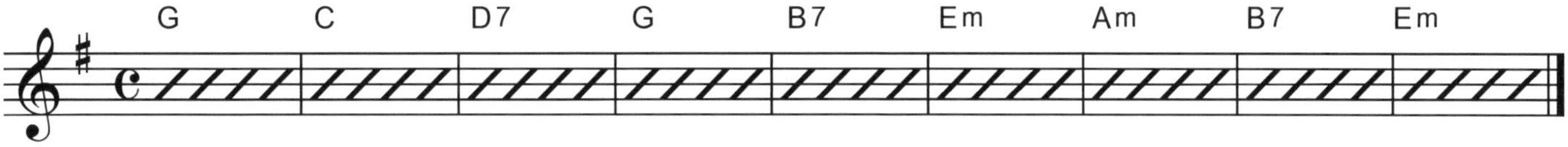

Études d'accords

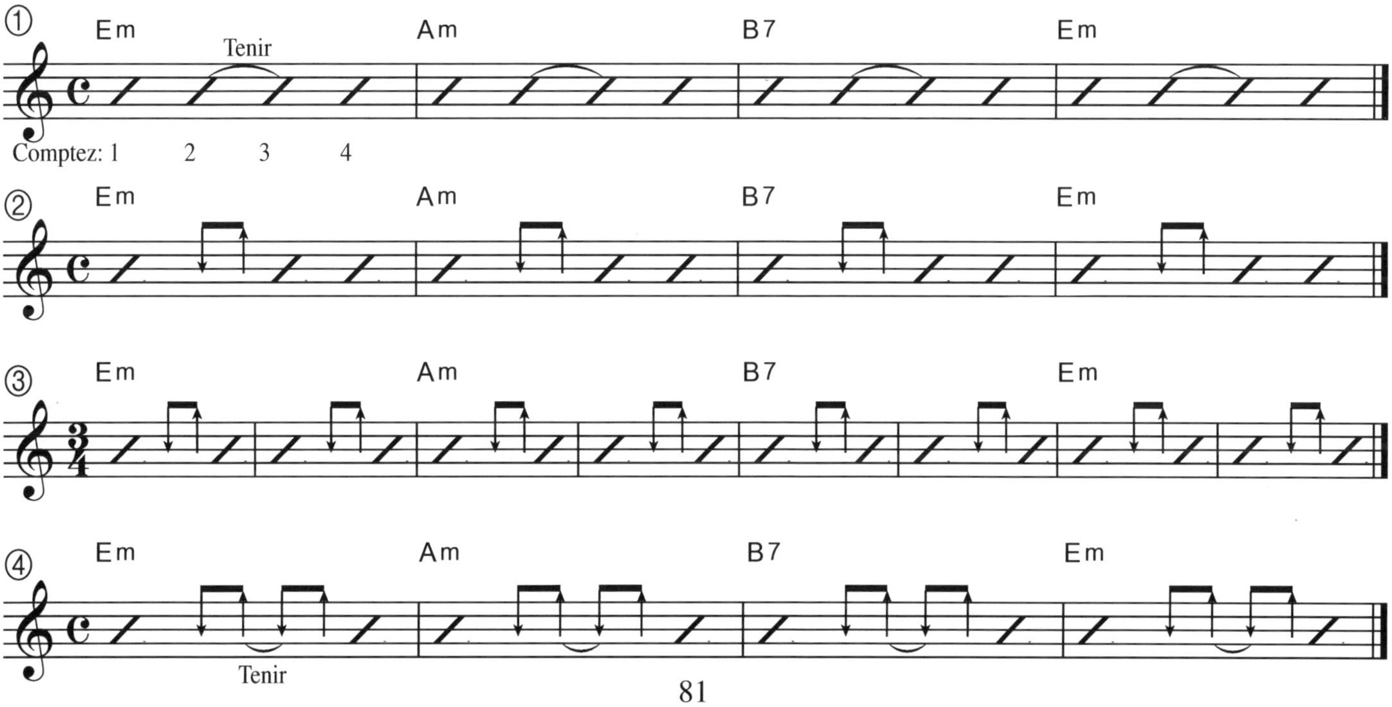

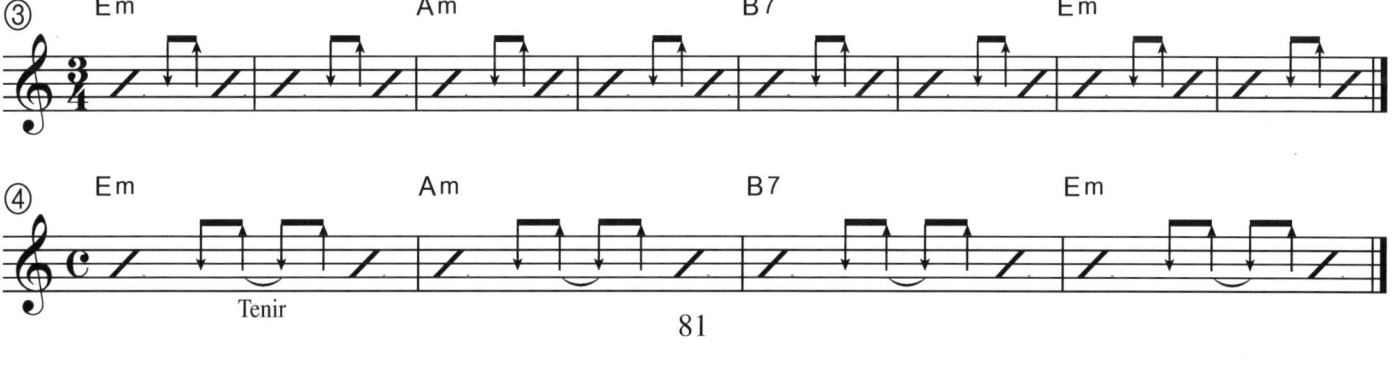

East River

Acc. par le professeur

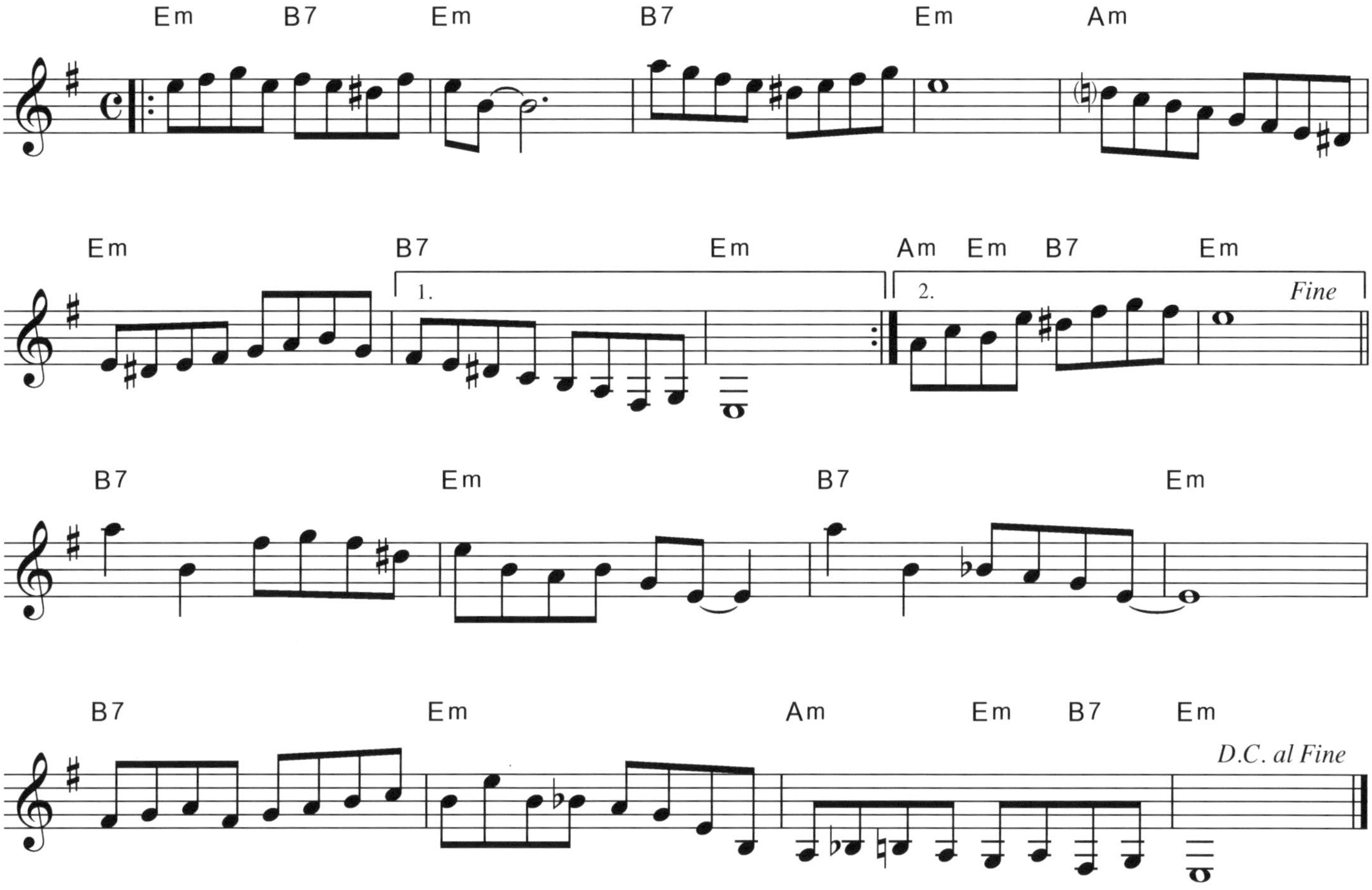

Les lutins

Acc. par le professeur

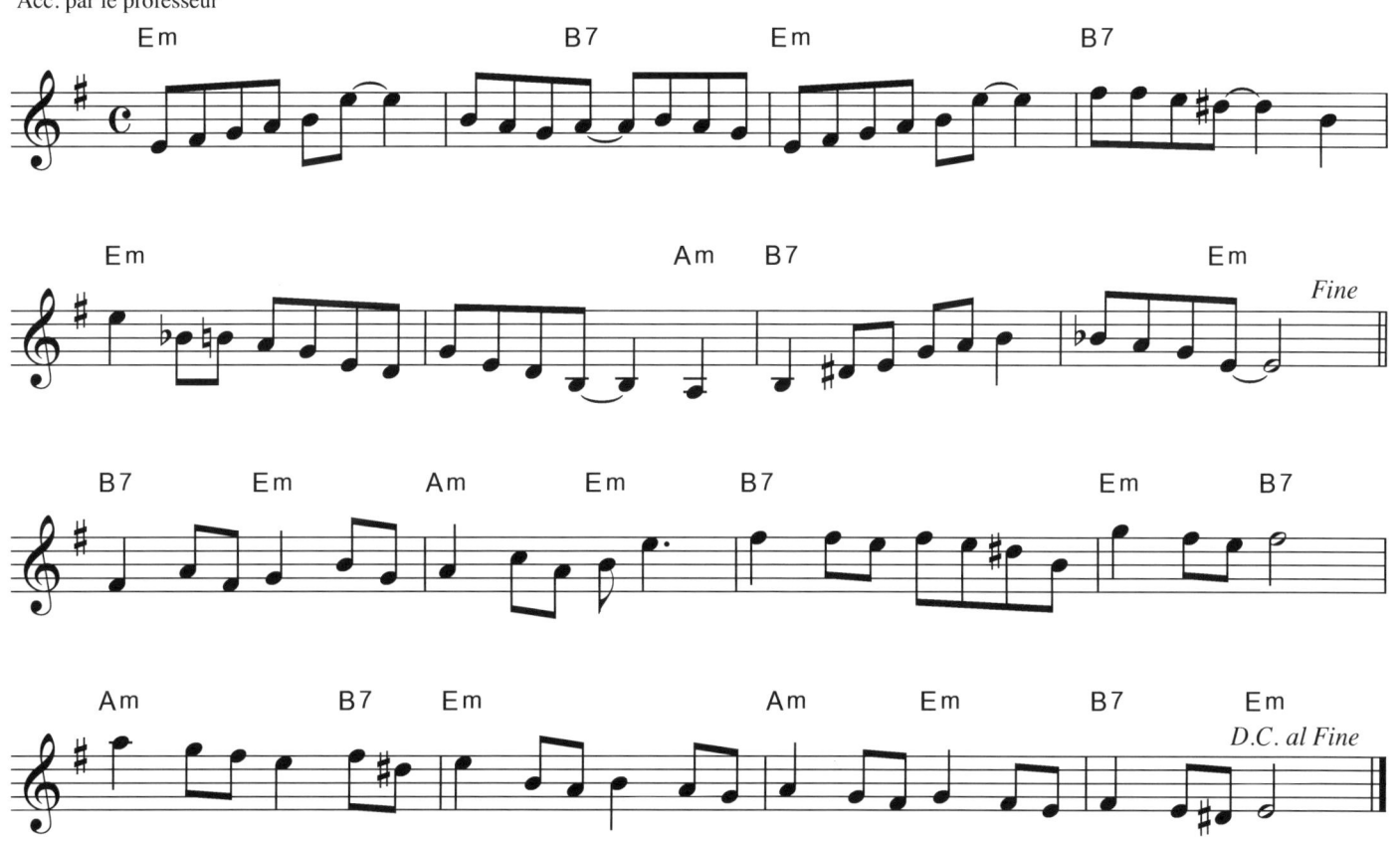

Révision des accords

- Il y a six accords en tonalité de Do : C, F, G7, Am, Dm, et E7.
- Les trois derniers sont dans la tonalité mineure relative mais ils correspondent à la tonalité de Do.
- Tous les autres accords dans cette tonalité sont des **accords altérés**.
- Les plus couramment employés sont D7 et A7.
- Il y a six accords en tonalité de Sol : G, C, D7, Em, Am, et B7.
- Les accords altérés les plus courants en tonalité de Sol sont A7 et E7.

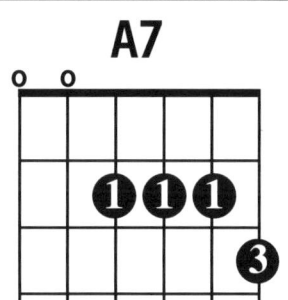

Le fait de connaître les notes altérées qui entrent dans la composition de certains accords (non altérés) facilitera la lecture de ceux-ci – par exemple :

- B7 comprend un Do♯   • E7 comprend un G♯   • A7 comprend un C♯   • D7 comprend un F♯

Complainte

Mel Bay

Maytime

Duo pour guitares

Wanhall-Bay

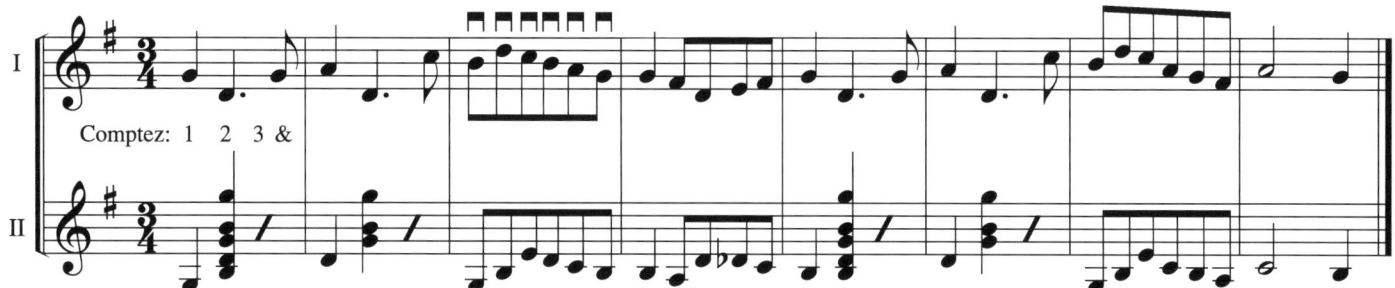

Comptez: 1 2 3 &

Les sons musicaux

La musique se compose de sons agréables à l'oreille.

Les **sons** se divisent en deux catégories: le bruit et les sons musicaux.

Le **bruit** résulte de vibrations irrégulières produites, par exemple, par un coup de marteau sur une table, un coup de fusil ou deux pierres frappées l'une contre l'autre.

Les **sons musicaux**, par contre, résultent de vibrations régulières produites, par exemple, par le frottement d'un archet sur les cordes d'un violon, le pincement des cordes d'une guitare ou le souffle qui passe dans un instrument à vent, comme une trompette.

Les sons musicaux sont dotés de quatre caractéristiques: la **hauteur**, la **durée**, la **dynamique** et le **timbre.**

     Hauteur: la position d'un son par rapport aux autres, des graves jusqu'aux aigus.
     Durée: le temps que dure un son.
     Dynamique: l'intensité d'un son.
     Timbre: la qualité du son produit.

Une note représente la hauteur et la durée d'un son musical.

La dynamique est indiquée par des termes tels que:

    Pianissimo ....(***pp***).................. très doux
    Piano .... (***p***) .... doux
    Mezzo piano .... (***mp***) .... relativement doux
    Mezzo forte .... (***mf***) .... moyennement fort
    Forte .... (***f***) .... fort

Le timbre dépend de l'habileté de l'exécutant et de la qualité de son instrument.

Rondo

Duo pour guitares

L'élève doit apprendre les deux parties

Mazas, Op. 85
Arr. par Mel Bay

Valse de sor

Bluegrass Waltz

Tierces en sol

Un petit peu de hanon

Mel Bay

Southern Fried
En swinguant

Mel Bay

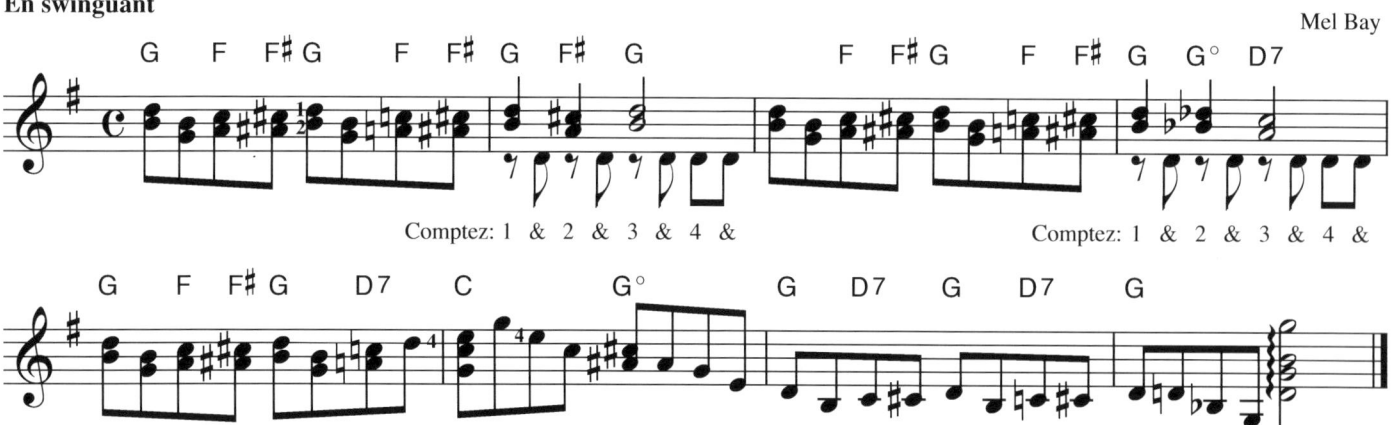